陕西出版资金资助项目

中国现代出版家论著丛书

主编 郝振省

天堂与五月

邵洵美 著

西北大学出版社

作者简介

邵洵美(1906—1968)，祖籍浙江余姚，出生于上海，出身官宦世家。新月派诗人、散文家、出版家、翻译家。1923年初毕业于上海南洋路矿学校，同年东赴欧洲留学。入英国剑桥大学攻读英国文学。1927年回国，与盛佩玉结婚。自1928年到1950年的22年中，邵洵美的全部精力都用在了出版事业上。先成立"金屋书店"，后是"上海时代图书公司"，再是"第一出版社"。先后接管了《狮吼》杂志并创办了《狮吼·复活号》《金屋》月刊、《时代画报》《时代漫画》《时代电影》《文学时代》《万象》月刊、《论语》半月刊、《十日谈》旬刊、《人言》周刊、《声色画报》，达11种之多。还和友人合作出版过《新月》月刊、《诗刊》。1934年至1935年期间，他同时出版的刊物有7种，每隔5天便至少会有两种期刊面世。

邵洵美散尽万金，出版了诸多的报刊和书籍，这在中国近代史上是无人可与匹敌的。

晚年从事外国文学翻译工作，译有马克·吐温、雪莱、泰戈尔等人的作品。其诗集有《天堂与五月》《花一般的罪恶》等。

编辑说明

　　邵洵美是现代新月派诗人、翻译家、民国出版家。他先后办过金屋书店、编辑《人言》杂志、主持《论语》编务等。晚年从事翻译工作。

　　这本诗集辑录了光华书局 1927 年版《天堂与五月》、上海金屋书店 1928 年版《花一般的罪恶》、上海时代图书公司1936 年版《诗二十五首》以及佚作 24 首。

　　这次整理重版，为方便今天读者的阅读，改原版竖排繁体字为横排简体字，改正了异体字、俗体字等，核改了一些错讹文字，依现今规范了引号，统一了格式等。对于原诗中一些具有时代特点的字词及叹词，保留原貌风格，一般不擅改动；另因是结集出版，诗作多有重复，故前集有诗，后集只列题目。特此说明。

总　序

　　"中国现代出版家论著丛书"，选集张元济等中国现代出版拓荒者14人之代表性作品19部，展示他们为中国现代出版奠基所作出的拓荒性成就和贡献。这套书由策划到编辑出版已有近六个年头了，遴选搜寻作品颇费周折，繁简转化及符合现今阅读习惯之编辑加工亦费时较多。经过多方努力，现在终于要问世了，作为该书的主编，我确实有责任用心地写几句话，对作者、编者和读者有个交代。尽管自己在这个领域里并不是特别有话语权。

　　首先想要交代的是这套选集编辑出版的背景是什么，必要性在哪里？很可能不少读者朋友，看到这些论著者的名字：张元济、王云五、陆费逵、钱君匋、邹韬奋、叶圣陶等会产生一种错觉：是不是又在"炒冷饭"，又在"朝三暮四"或者"朝四暮三"？如此而然，对作者则是一种失敬，对读者则完全是一种损失，就会让笔者为编者感到羞愧。而事情恰恰相反，西北大学出版社的同仁们用心是良苦的，选编的角度是精准的，是很注意"供给侧改革"的。就实际生活而言，对待任何事物，怕的就是"一叶障目，不见泰山"，怕的就是浮光掠影，道听途说；怕的就是想当然，而不尽然。对待出版物亦是这样，更是这样。确实不少整理性出版物、资料性出版物，属于少投入、多产出的克隆性出版；属于既保险、又赚线的懒人哲学？而这套论著确有它独到的价值。论著者不是那种"两耳不闻窗外事，闭门只读圣贤书"的出版家，而是关注中华民族命运，焦急民族发展困境的一批进步知识分子。他们面对着国家的积贫积弱，民众的一盘散沙，生活的饥寒交迫，列强的大举入侵，和"道德人心"的传统文化与知识体系不能拯救中国的危局，在西学东渐，重塑知识体系的过程中，固守着民族优秀文化的品格，秉承"为国难而牺牲，为文化而奋斗"的使命，整理国故，传承经典，评介新知，昌明教育，开启民智，发表了一系列的论著，为我们国家和民族的现代出版文化事业进行了拓荒性奠基。如果再往历史的深层追溯，不难看出，他们身上所体现的代表中国传统知识分子心胸与志向的使命追求，正如北宋思想家张载所倡言的："为天地立心，为生民立命，为往圣继绝学，为万世开太平"。我们为中华民族这些前仆后继、生生不息的思想家们肃然起敬。以张元济等为代表的民国进步出版家们，作为现代出版文化的拓荒奠基者，其实就是一批忧国忧民的思想大家、文化大家。挖掘、整理、选萃他们的出版文化思想，其实就是我们今天继承和弘扬优秀传统文化的必然之举，也是为新时代实现古今会通、中西结合的创造性转化与创新性发展提供借鉴的必须之举。

不仅如此，这套论著丛书的出版价值还在于作者是民国时期我们这个国家和民族最有代表性的一个文化群体，一批立足于出版的文化大家和思想大家；14位民国出版家的19部作品中，有相当部分未曾出版，具有重要的填补史料空白的性质，对于这个领域的研究者、耕耘者都是一笔十分重要的文化财富之集聚。通过对拓荒和奠基了中国现代出版事业的这些出版家部分重要作品的刊布，让我们了解这些出版家所特有的文化理念、文化视野、人文情怀，反思现在出版人对经济效益的过度追求，而忘记出版人的文化使命与精神追求等等现象。

之所以愿意出任该套论著丛书的主编还有一层考虑在里面。这些现代出版事业拓荒奠基的出版家们，其实也是一批彪炳于史册的编辑名家与编辑大家。他们几乎都有编辑方面的极深造诣与杰出成就。作为中国编辑学会的会长，也特别想从中寻觅和探究一位伟大的编辑家，他的作派应该是怎样的一种风格。张元济先生的《校史随笔》其实就是他编辑史学图书的原态轨迹；王云五的《新目录学的一角落》其实就是编辑工作的一方面集大成之结果；邹韬奋的《经历》中，就包含着他从事编辑工作的心血智慧；张静庐的《在出版界二十年》也不乏他的编辑职业之体验；陆费逵的《教育文存》、章锡琛的《〈文史通义〉选注》、周振甫的《诗词例话》等都有着他们作为一代编辑家的风采与灼见；赵家璧的三部论著中有两部干脆就是讲编辑故事的，一部是《编辑忆旧》，一部是《编辑生涯忆鲁迅》，其实鲁迅也是一位伟大的编辑家。只要你能认真地读进去，你就会发现一位职业编辑做到极致就会成为一位学者或名家，进而成为大思想家、大文化家，编辑最有条件成为思想家、文化家。"近水楼台先得月，就看识月不识月"。我们的编辑同仁难道不应该从中得到启发吗？难道我们不应该为自己编辑职业的神圣性而感到由衷的自豪与骄傲吗？

这套丛书真正读进去的话，容易使人联想到正是这一批民国时期我国现代出版事业的拓荒者和奠基者，现代出版文化的开创者与建树者，为西学东渐，为文明传承，作出了巨大的历史性贡献。他们昌明教育、开启民智的出版努力，他们所举办的现代书、报、刊社及其载体实际上成为马克思主义向中国传输的重要通道，成为中西文化发展交融的重要枢纽，成为当时的中国先进知识分子寻求和探究救国、救民真理的重要精神园地。甚至现代出版事业的快速发展与现代出版文化的初步形成，乃是中国共产党成立、诞生的重要思想文化渊源。一些早期共产党人就是在他们旗下的出版企业担任编辑出版工作的，有的还是他们所在出版单位的作者或签约作者。更多的早期共产党人正是受到他们的感染和影响，出书、办报、办刊而走上职业革命道路的。从这个意义上讲，我们对民国出版家及其拓荒性论著的价值的重视还很不够。而这套论著丛书恰恰可以对这个问题有所补救，我们为什么不认真一读呢？

是为序。

郝振省

2018.3.20

自 序[*]

　　十年的诗只有二十五首可以勉强见得来人，从数量方面说，真是寒酸得可怜。我的兴趣多，喜管闲事；结果是自己吃了亏，人家还是不愿意；写文章的时间大部分让别种东西占去，到今天仍没有退缩的勇气；有时候简直怀疑自己和诗的缘分。

　　我对于新诗从没有表示过失望，文坛上缺少批评家来给予一种"道德的协助"是事实；无自知之明的便相信自己受了委屈，以为自己是一件未被人发现的宝贝。我从没有过这种幻想，写成一首诗，只要老婆看了说好，已是十分快乐；假使熟朋友再称赞几句，更是意外的收获；千古留名，万人争诵，那种故事，我是当作神话看的。

　　我写新诗已有十五年以上的历史，自信是十二分的认真；十五年来虽然因了干着吉诃德先生式的工作，以致不能一心一意去侍奉诗神，可是龛前的供养却从没有分秒的间断，这是我最诚恳最骄傲的自白。

　　原因是我和新诗关系的密切是任何人所不知道的。最初的

---

* 原刊《诗二十五首》单行本

时期尚以为是自己的发现，我写新诗从没有受谁的启示，即连胡适之的《尝试集》也还是过后才见到的。当时是因为在教会学校里读到许多外国诗，便用通俗语言来试释（作为一个旧家庭的子弟，他并没有知道世上有所谓白话文运动），到后来一位同学借给了我一份《学灯》，才知道这类工作正有许多前辈在努力。又由另一位同学的介绍，买到了本《创造》，于是更坚决了自己的信仰；但是新诗人中最伟大的徐志摩，连名字都没有听到。当时常识的缺乏，现在想想真好笑；不过也便是为了如此，所以我的作品未曾受到过什么坏影响。

我讲这些话，当然并不是说一个诗人不应受到任何种的熏陶与影响；我只是要读我的诗的人知道，假使把我的诗去和人家的诗比较，他是会迷途的。

我也并不是说我没有受到过任何种的熏陶与影响，外国诗的踪迹在我的字句里是随处可以寻得的。这个不是荣耀，也不是羞耻，这是必然的现象，一天到晚和他们在一起，你当然会沾染到一些他们的气息。我也曾故意地去摹仿过他们的格律，但是我的态度不是迂腐的，我决不想介绍一个新桎梏，我是要发现一种新秩序。

我以为胡适之等虽然提倡了用白话写文章写诗，但他们的成就是文化上的；在文学上，他们不过是尽了提示的责任。我相信文学的根本条件是"文字的技巧"，这原是文学者绝对不能缺少的工具；但是他们除了把文言译成白话以外，并没有给我们看过一些新技巧。这番工作到了徐志摩手里，才有了一些眉目，可惜他自己也是诗人，于是这些新技巧便变了他自己的装饰，而不容易叫大家公开地享受。闻一多是一位诗艺的学者，但他介绍的外国技巧都偏重在形式方面。柳无忌、朱湘等也曾大规模地把外国诗的形式介绍到中国来,但因为是十足的摹仿,于是被人讥为西洋的镣铐。说这种话的当然太不了解学者的苦心,不过不彻底的全盘接收是难免会引起人家误会的。孙大雨是从外国带了另一种新技巧来的人,他透彻,明显,所以效力大;《自己的写照》在《诗刊》登载出来以后,一时便来了许多青年诗人的仿制。不久戴望舒又有他巧妙的表现,立刻成了一种风气。

当然,光有新技巧也不够。我们知道孙大雨在技巧以外还有他雄朴的气概,戴望舒在技巧以外还有他深致的情绪,摹仿他们的人于是始终望尘莫及。从这里,我们可以明白,有了新技巧还要有新意象,胡适之却一样也没有,因此他只是新文化的领袖而不是新诗的元首。

所以我们要谈新诗,最好先把胡适之来冷淡(他自身的成就是另外一件事情)。我当然并不是说他和新诗的历史关系可以完全抹杀,但是当新诗的技巧已经进步到有建设的意义的现在,他在艺术上的地位显然是不重要的了。

新诗已不再是由文言诗译成的白话诗,新诗已不再是分行写的散文,我们只要一看孙大雨、卞之琳等的近作便可以确信。

每一个时代有每一个时代的韵节,每一个时代又总有一种新诗去表现这种新的韵节。而表现这种新的韵节便是孙大雨、卞之琳等最大的成就。前者捉住了机械文明的复杂,后者看透了精神文化的寂寞;他们确定了每一个字的颜色与分量,他们发现了每一个句断的时间与距离。他们把这一个时代的相貌与声音收在诗里,同时又有活泼的生命会跟着宇宙一同滋长。这种技巧是为胡适之等所不能了解的;因为他们已达到了诗的最特殊的境界,尽有丰富的常识还是不容易去理会。

上面是简单地说明新诗已发展到了什么程度；同时也解释新诗在近年来虽然外表上有过一时期的沉默，事实上新诗人是无时无刻不在努力锻炼他们的技巧，以求一个伟大成熟的表现。下面让我约略说一说我自己的诗。

英国文学批评家尼古尔生说过："一切文学运动的动机都是要反叛他们前代的故有的理论。"中国的新文化运动也是破坏的，他们要打倒旧礼教，打倒文言，打倒旧诗的格律……虽然胡适之后来有过建设文学的理论，但是他的根据仍旧是"反面的"。所以他的新诗理论与例子到了"白话自由诗"便中止了。我所引为骄傲而庆幸的便是当时我的年龄小没有加入他们的运动；我的写新诗便几乎完全是由自己发动的；我一方面因为旧体诗翻译外国诗失败，一方面因为常读旧式方言小说而得到了白话的启示。

我第一次的新诗创作却是首散文诗，题为《二月十四日》，登在某年某月商务印书馆出版的《妇女杂志》里。我还有许多小诗，人家看了或者会以为受着当时流行的日本俳句式小诗的影响；事实上，说来惭愧，他们都是些英国名诗的节译或改作，间或有自己的创制，也无非是些琐碎的灵感。他们在一个不相干的地方发表出来以后，方才有朋友拿了周作人、冰心等的诗给我看；偶然的巧合竟给了我一个意外的教训，我从此厌恶这种贪易取巧的工作而开始更严重的探求。

动身到欧洲以前，有人送我一本《女神》，一本《冬夜》，我感觉到一种新的力量在蠕动，但是嫌他们的草率与散漫。在意大利的拿波里上了岸，博物院里一张壁画的残片使我惊异于希腊女诗人莎茀的神丽，辗转觅到了一部她的全诗的英译；又从她的诗格里，猜想到许多地方有和中国旧体诗形似处，嫩弱的灵魂以为这是个伟大的发现。这时候许地山在牛津，我竟会写了封信把这一个毫无根底的意见去和他讨论。他回信怎么说我已忘掉，大概不缺少赞许与鼓励。过后我便怀抱了个创造新诗格的痴望，当时写了不少借用"莎茀格"的诗，有一首发表在一本叫做《天堂与五月》的集子里。这集子里还有各种诗格的尝试，现在看来都是幼稚得可怜，人家一提起我便脸红。

我的诗的行程也真奇怪，从莎茀发见了他的崇拜者史文朋，从史文朋认识了先拉斐尔派的一群，又从他们那里接触到波特莱尔、凡尔仑。当时只求艳丽的字眼，新奇的词句，铿锵的音节，竟忽略了更重要的还有诗的意象。后来和徐志摩有了深交，但是从他那里我只得到过分的奖誉。在这个时期里我出版了《花一般的罪恶》。听说徐志摩当时在我的背后对一位朋友说："中国有个新诗人，是一百分的凡尔仑。"这几句话要是他亲口对我说了，我决不会到了五年前方才明白我自己的错误。

也许这是每一个写诗人所必然地要经受的试探，因为我们第一次被诗来感动，每每是为了一两行浅薄的哲学，或是缠绵的情话，或是肉欲的歌颂。第一次写诗便一定是一种厚颜的摹仿。再进一步是词藻的诱惑；再进一步是声调的沉醉。我当时所认为金科玉律的诗论，便是史文朋所说的："我不用格律来决定诗的形式，我用耳朵来决定"；以及摩理斯所说的："我不相信有什么灵感，我只知道有技巧。"所以我五年前的诗，大都是雕琢得最精致的东西；除了给人眼睛及耳朵的满足以外，便只有字面上所露示的意义。

这种"少壮的炫耀"，写了《洵美的梦》便尽竭了。同时我便在"肌理"上用工夫。《女人》是第一次的尝试。形式上是两段整齐的四行诗，字数前后一样，韵节却有变化。这首诗写又惊又喜的性情，并说一个人同时可以有两种感觉。前段因为是写敬重与惊畏，所以抑多于扬；后段因为是写疑心与快乐，所以扬多于抑；在词藻上，在韵节上，在意象上，我要求能得到互相贯通的效果。《声音》《自然的命令》《天和地》，以及 *Undisputed Faith* 等都是《女人》以后的作品。《声音》和《自然的命令》是"五步无韵诗"的尝试，《天和地》是"十四行诗"的尝试，*Undisputed Faith* 是"四步无韵诗"的尝试。但是我的格律的尝试，是性质的，不是形式的。譬如"五步无韵诗"的特点是在能使情境的力量延长，它可以有更自然更复杂的变化；它也有间断，但气韵是连贯的，读的人即使在中间休息一下，甚至搁置几天，但是当他要继续读下去的时候，精神仍旧能会聚。正像是水上行船，那河道有时笔直，有时弯曲，有时宽，有时狭，有时要经过桥洞与山峡；悠长是这条流动的路程，两端的距离尽使有几百里几千里，但是它的生命是一根不断的蛛丝，狂风暴雨也破坏不得它一分一毫。用这种格律，长诗会觉不到长；去欣赏它当然要有健康的心灵，而希望一刹那的刺激的却只能怨怪自己的病弱。"四步无韵诗"变化的可能少，太长了会单调，但是它的情致更来得亲切，更来得素朴，适宜于更天真的意境。"十四行诗"是外国诗里最完整最精炼的体裁，正像中国的"绝诗"一样，"麻雀虽小，五脏俱全"，它自身便是个完全的生命，整个的世界。去记录一个最纯粹的情感的意境，这是最适宜的。它比中国的"绝诗"更多变化，用它来练习新诗的技巧，可以得到极好的成绩。我当然不劝人家去就什么范围，但是字句的秩序是不可不有的。"诗是最好的字眼在最好的秩序里。"我始终信任柯勒立治这句话。

　　我觉得一个真正的诗人一定有他自己的"最好的秩序"。

固定的格律不会给他帮助，也不会给他妨碍。所以我们与其说
格律是给写诗人的一种规范，不如说是给读诗人的一种指点；
字句的排列与音韵的布置，不过是为便利别人去欣赏。旧诗里
的平仄，字数与韵脚，也是这种作用。分行与音尺是外国来的
新技巧，所以新诗至少比旧诗要多两种工具。而旧诗的平仄乃
是真正的链锁，所以我们把来废除了。

"形式的完美是最大的德行"，这是高谛蔼的话。形式的完
美便是我的诗所追求的目的。但是我这里所谓的形式，并不只
指整齐；单独的形式的整齐有时是绝端丑恶的。只有能与诗的
本身的"品性"谐和的方是完美的形式。

关于诗的性质与题材，我也有一些意见；让我说一说，以
结束这篇序文。

大凡不喜欢新诗的都说新诗看不懂，即连胡适之与梁实秋
最近也再三说新诗应当要明白清楚，前者那种笼统的批评，显
然是不负责任的固执，他们也许从来就没有读过新诗。后者的
说话背面有苦衷。新诗的现状，除了几个特殊的人才，的确有
一种普遍的病象；但是胡适之与梁实秋所给的，只能作为暂时
的药石，而不能作为永久的丹方。我以为诗是根本不会明白清
楚的。英国现代批评家谛里雅在他的《诗的明显与曲折》一书
里也说过："所有的诗多少总有些曲折的：我们从没有明显的
诗。"但是他为了要便利评论起见，便把诗分为"明显的"与"曲
折的"两种。让我现在也根据了他这一种迁就的分类来解释。
其实"明显的诗"这一个名目，的确勉强到了极点；一首诗到
了真正明显的时候，它便走进了散文的领域。所以这里所谓"明
显的诗"只能作为"说明的诗"来解释。当然抒情诗，写景诗，
叙事诗，说理诗，都可以算是"说明的诗"，但是所用的形容

词至多到了"譬喻"便要为止;一到字眼发生了"象征的作用"时,诗便曲折了。要说明什么是"象征的作用"恐怕非写一部书不可:大概形容和譬喻是暂时的象征,象征则是永久的形容和譬喻;而凡是伟大的诗都有一种永久的象征性。不过等到一首诗要用形容及譬喻时,它便也已经曲折了,所以诗要绝对明显,除非写得和散文一样。但是要去欣赏一首曲折的诗是不容易的;读诗的人要有十二分的诚意;他要有品味的决心才能得到理解的享受。平常人每会畏难退缩。所以为整个新诗的命运着想,我们目前不妨减少它的曲折,一步步把读诗的人引上路来。否则他们会吓得永远不敢和它接近;同时我们也可以停止他们的枝节的指摘,以免浪费我们的口舌。其实从大部分的新诗来讲,成绩是极其幼稚的,根本还谈不到明显与曲折。所以我们要对付的并不是"曲折的诗",真正的诗,而是一般"假曲折的诗",一般不会造句或是故弄玄虚的幼稚与拙劣作品。

新诗界中还有一个值得讨论的是题材问题。原来题材的变换与形式的发展,同样地是一种必然的现象。我们便用最明显的例子来说,譬如在现代文明侵入以前,交通有着各种的阻碍,除了出外做官或是经商的,总是勾留在自己的家乡,所见到的是自然的景色,所感到的是自然的闲静;即有性好走动的人,带着美酒干粮,四处浪游,所接触的也无非是山水的秀丽,鸟兽的天真:在这种氛围里写诗,题材自会清高。到了现在,都市的热闹诱惑了一切田野的心灵,物质文明的势力也窜进了每一家门户,一两个小时中从茅草屋可以来到二十层的钢骨水门汀的高厦门前,官能的感受已经更求尖锐,脉搏的跳动已经更来得猛烈:在这种时代里再写和往昔一样的诗句,人家不笑他做作,也要说他是在懦怯地逃避现实了。一切的形容字,抽象名词，都已更改了他们原来的意义；题材的变换已不是人力所能拒绝。新诗人的手头便来了个更繁难的工作，他要创造新的字汇；他要有上帝一样的涵量及手法，使最不调和的东西能和谐地融合。这个也许会给予读诗的人一个艰难的印象，他们更会疑心到诗人只是为了自己而写作。其实诗人的使命是"点化"。我以前说过，"诗是昙花一现的真理的尽人力的记载"。诗人所写的火车龙头，决不是火车龙头的机器的组织，乃是火车龙头的灵魂的系统；正像一幅宇宙的图画，没有慧心，你不能在一瞬眼间领悟这灵机。总之，我们懂不懂是一件事，但是我们决不能因为不懂而说这是诗人的荒荡。要知一个真正伟大的诗人，他是无时无刻不自己负起去点化全生灵的重任的；去了解他，你应当用十二分的虔诚与尊敬，所以在一个真正伟大的诗人面前，一切问题都不成其为问题。

这些是我的意见，也是我的信仰，也是我的供状。我当然不敢希望你们用同一种的衡量来衡量我的诗；但是我相信，一件认真的作品也决不会因了衡量的夸张而缩小了自己的尺寸。

邵洵美

民国二十五年四月一日

邵洵美作品系列编辑说明

　　邵洵美（1906—1968），浙江余姚人，中国现代诗人、作家、出版家、翻译家和文学活动家。一生著作颇丰，包括诗歌、小说、散文、随笔等多种体例及题材。本次上海书店出版社经其家人授权，整理出版邵洵美的生平创作，第一辑共五卷，分别是诗歌卷《花一般的罪恶》、散文卷《不能说谎的职业》、艺文闲话《一个人的谈话》、小说卷《贵族区》和回忆录《儒林新史》。其中散文卷、艺文闲话、小说卷和回忆录的篇目由邵洵美之女邵绡红提供并编辑，诗歌卷的篇目由邵洵美之女邵阳提供并编辑。

　　为保存邵洵美作品的原始风格，在编辑过程中尽量保留现代文学的用词习惯，如结构助词"底"、语气词"吓"，以及"洋台""骨董""哄动""化装""年青"等词，并不改为"的""啊""阳台""古董""轰动""化妆"或"年轻"；另外，一些人名和地名的翻译，也保留当时原样，如"吉百林""普罗斯脱""福娄拜""亨利·杰姆士""萨克莱""海敏威""麦克·吐温""劳伦司""衣利莎白""服尔代""蒲卡戚乌""费芝吉勒""爱里奥脱""柯勒立治""罕姆来脱""里尔王""莆罗乙德""卓别麟""孟奈""门兑尔左恩""史太林""苏彝士"等，并不依照当代习惯改为"吉卜林""普鲁斯特""福楼拜""亨利·詹姆斯""萨克雷""海明威""马克·吐温""劳伦斯""伊丽莎白""伏尔泰""蒲伽丘""菲茨杰拉德""艾略特""柯勒律治""哈姆雷特""李尔王""弗洛伊德""卓别林""莫奈""门德尔松""斯大林"或"苏伊士"。

但对于一些现在看来已属明显错别字的用法，如"希奇""钉住""带帽""混身""玩皮""澈底""印像""眩耀""化钱""狠"等，则相应规范为"稀奇""盯住""戴帽""浑身""顽皮""彻底""印象""炫耀""花钱"和"很"，以期在保留原著风格的前提下，尽量减少今日读者的阅读障碍。

特此说明

编者

目 录

《花一般的罪恶》

《诗二十五首》

佚作

《天堂与五月》

1927 年 1 月上海光华书局出版

给佩玉

序 诗*

我也知道了，天地间什么都有个结束；
最后，树叶的欠伸也破了林中的寂寞。
原是和死一同睡着的；但这须臾的醒，
莫非是色的诱惑，声的怂恿，动的罪恶？

这些摧残的命运，污浊的堕落的灵魂，
像是遗弃的尸骸乱铺在凄凉的地心；
将来溺沉在海洋里给鱼虫去咀嚼吧，
啊，不如当柴炭去烧燃那冰冷的人生。

十五，十，一。

---

* 此诗在诗集《花一般的罪恶》中题为"序曲"，上
海金屋书店于1928年5月出版。

天堂之什

天 堂

第一章

啊这枯燥的天堂，
何异美丽的坟墓？
上帝！
你将一切引诱来囚在里面，
复将一切的需要关在外边：
上帝！

来在这里，
一切的一切便须贡献给你；
牺牲了一切来做你的奴隶。
要想须想你，
要爱须爱你，
不愿意也要愿意！
上帝！

你虽然也有一班仙女——

月宫的戏子,

敲着冰冰冷的石磬;

吐着幽幽暗的铁箫;

唱着不入耳的歌;

吟着不动心的诗。

呵只是一切的耳朵

和你自己的不同吓!

上帝!

你要知道,

爱和自私是连着的东西,

像好人难能完全脱离

坏的思想一般;

不过爱的自私与自私的爱

是两样东西吓。

上帝!

你自己或许也真以为

天堂是快乐的吧;

人世是悲苦的吧?

但是人世的悲苦,

是有安慰的悲苦;

天堂的快乐,

只是给不死时的活人

吃的长生丹吓。

上帝！

上帝！

我不敢领受你的爱吓！

你的爱真是个火，

为了爱水，

便把水烧干了。

水被火爱了，

结果是个死。

我不敢领受你的爱吓！

上帝！

第二章

青草丛里的苹果树

开了花了。

上帝！

你爱了！

你吐着絮语的和风；

你流着情泪的轻露。

花笑了；

像处女爱第一个情人

一般地爱你了，

结果了，

是你的能力吓！

上帝！

花结果了，
大了，
膨胀了，
圆满了，
你笑了；
笑得瀺唾喷了，
雷吓雨吓，
果子落下来了。
是你的功劳吓！
上帝！

果子落下来了，
是自由的果子吓，
他没有一切的束缚；
是知足的果子吓，
他落下在哪里，
便安心在哪里，
他不求生脚，
更不求生了脚，
跑上你的天堂！
这是你造成的果子吓！
上帝！

是你造成的果子吓，

你弃着不理。
他腐烂了，
他留下了根而化了，
根发芽了，
芽又成树了，
树又开花了，
你又爱了，
花又结果了；
你以一次得胜的工具，
当百次得胜的兵器，
居然你得胜了！
有了个苹果园。
上帝！

苹果园中，
满结着苹果——
自由的果子，
知足的果子，
自由的知足的果子，
知足的自由的果子，
知足的知足的果子，
自由的自由的果子。
这满园的果子吓，
是你的？
上帝！

满园的果子，

你又将园门锁了。

你不准人家去取；

人家自己有的，

你也去夺了来，

关在园里。

这满园的果子吓，

是你的？

上帝！

第三章

苹果园前，

坐着个撒旦看门。

他会像蛇般在墙上行走；

他会像马般在山中狂奔；

他会像鱼般在水心游泳；

他会像鸟般在天空飞腾；

刁诈是他的性格，

诱引是他的技能。

他只以你当他的主人，

上帝！

苹果园前，

有块无知觉的大石，

大石边上，

躺着两个可怜的人们。
他俩虽然有性的分别，
只是谁也不知道
男女的本能。
他俩一起地睡着；
一起地走着；
一起地活着，
活在你这天堂里面。
上帝！

他俩不知道快乐，
于是也不会快乐；
他俩不知道悲苦，
于是也不会悲苦；
他俩不知道羞耻，
于是也不会羞耻；
他俩不知道一切，
于是也不会一切！
上帝吓！
你既然使他俩不知道一切，
而不一切，
那么为甚要将他俩生了？
上帝！

恰好那一天，
又是你寻欢的日期。

空气带出了苹果的香味，

自然提高了撒旦的兴趣，

他看着他俩，

亚当，

夏娃，

坐在一起，

他想着这园中的果子，

也得使他俩尝些滋味。

啊好吃的东西，

应得使人人尝些滋味吓！

上帝！

他轻轻地开了园门，

偷偷地藏入树阴；

唱着入耳的歌，

吟着动心的诗。

亚当听得了。

夏娃听得了。

"啊我此地在烧。"

亚当指着脸。

"啊我此地在跳。"

夏娃指着心。

这是撒旦的工作了！

上帝！

他俩寻着歌诗，

进了园门。

啊没吃到果子的人,

果子的颜色已使他们生津。

他俩尝着试着!

相相地尝试着!

他俩知道了!

但是他俩在知道

快乐悲苦羞耻一切以前,

先知道了爱!

上帝!

十五,四,十六,巴黎。

花姊姊

妹妹，
不要忘了花姊姊
她也穿过了
岳飞穿过了般的兵甲；
她也骑过了
关公骑过了般的战马；
跟了一般人
杀人。

似这般的黑夜，
家家哭着
和敌军去交易生命的小卒——
他们的爸爸，哥哥，弟弟，
丈夫，
叔叔，伯伯，侄子，甥儿，
儿子：
亲生的儿子，

独养儿子，
两房合一子的儿子。
花姊姊，也便等着
汇兑血肉！

滴滴，答答，
大将的马蹄声，
小卒的足履声，
——死神的窃笑声：
"哈哈，今晚或是明朝，
上帝创造着的生灵
十月的怀胎，
多年的教养；
又当来在我的点名簿上
找他们的年月日时了。
哈哈，活着作甚？
本来是为了死而生的！

"哈哈他们——我的畜牲！
像牛般肥胖的，
像猪般愚憨的，
像羊般懦怯的，
像鸡般尖利的，
像鸭般顽固的，
像鱼般潇洒的，
像虾般活泼的，

像……

哈哈他们——我的畜牲！

我的早餐，

我的午膳，

我的夜饭，

哈哈他们——我的畜牲！

有的血肉，

本来是给我吃吃喝喝的。"

月儿仍张着眼——

它看惯了的！

刀枪耀着，

早印着一个个影子：

有的照进去了只手，

有的照进去了只脚，

有的照进去了半条腿，

有的照进去了半壁肩，

有的照进去了个头，

有的……

这是他们运命的镜子，

他们持着，

拖着，

扛着，

背着，

渐渐地近用着的时候了，

花姊姊更美丽了

她比往昔敷着粉更白，

她比往昔涂着脂更红，

她看着多少的小卒——

多少的男儿——

好像一群进宰场的畜牲。

也有知道一定死而示弱的，

泪涔涔流的，

也有以为未必死而装威的，

汗源源淌的，

你看看我我看看你的，

想说话说不出的，

有像虎的，

有像鼠的，

被烦闷逼着喊的，

被恐怖迫着叫的，

怕死而似乎不要活的，

想活而似乎情愿死的。

她想到她的爸爸，

她想到她的老了的爸爸，

她想到她的老了的爸爸

没有年壮的儿子；

她想到她因此便

暂藏了小女子的娇名，

假借了大丈夫的英号，

受了杀人或是被人杀的命令，

来干杀人或是被人杀的勾当。

她穿了孝的兵甲，

她骑了忠的战马，

她挟了义的长枪，

啊，她一切都预备好了！

死神展开了他的翅翼了，

飞来又飞去，

他的两柄翅翼吓

正像是两张黑幕；

被他蒙蔽了的，

便永久蒙蔽着，

成了秘密的秘密；

使人们兴起了不少荒谬的解释，

使人们捏造了许多虚妄的事实，

来回答这没回答的问题；

死神也不来辨明，

也不来否认，

只慢慢地将一个个来蒙蔽，

使一个个永久不明不白。

他飞到元帅的脑际，

元帅正雄雄勃勃地想着：

想着胜利的旗子，

想着伟大的城市，

想着厚重的酬赏，

想着光荣的名誉。

他飞到小卒的心头，
小卒正幽幽郁郁地想着：
想着刀亲人家的头，
想着枪吻自己的心，
想着不忍想的过去，
想着不敢想的将来。

他飞到宫中，
皇帝对着后妃嘻笑；
他飞到田边，
乡妇同着女媳唏嘘。

他飞到天上，
菩萨闭紧了眼，
菩萨本是无情的东西。
他飞到地下，
夜叉伸长了颈，
在等着这一笔的生意。

死神又飞到花姊姊的身旁，
他大大地诧异惊慌！
闻不到一些的杀气，
只是阵阵的柔香；
贞洁之光
射得他的眼睛不能开张。

"心中没有贪名的理想，
目中没有求利的希望，
脑海中也没有垢污的波浪。
像这般的人
怎么也会来到这个地方？
啊，原来这细细的腰儿，
也缠绕着环境的网。
啊，怎的这细细的腰儿，
也缠绕着环境的网；
啊，可怜这细细的腰儿
竟缠绕着环境的网。"
死神这般地思忖，
痛惜也拥进了他的
铁石的心肠。

月儿忽然把眼睛一闭，
急鼓四起，
号炮声中的火光
在空中乱飞，
有魂的魂走了，
有魄的魄遁去。
千千万万没魂魄的肢体：
斩着——倒着，
劈着——断着，
刺着——破着，
狂风般的肉花了天，

暴雨般的血染了地。

"啊啊，哈哈，

活人的血，

死人的肉，

死人的血，

活人的肉，

啊啊，哈哈！"

死神的笑吓，

震动了天地：

杀杀杀！

你杀他，

我杀你，

他杀我，

他杀他，

杀杀杀！

杀杀杀！

我杀他，

他杀你，

你杀我，

他杀他，

杀杀杀！

杀杀杀！

一个杀一个，

一个杀两个，

两个杀一个，

两个杀两个，

杀杀杀！

死死死！

你死，

他死，

我死，

死死死！

死死死！

你半死，

他半死，

我半死，

死死死！

死死死！

你也死，

他也死，

我也死，

死死死！

死死死！

一个死，

两个死，

五个死，

十个死，
死死死！

死死死！
五十个死，
一百个死，
一千个死，
一万个死，
死死死！

死死死！
几万个死，
多多少少个死，
死死死！

啊啊，杀杀杀！
啊啊，死死死！
啊啊，死不尽的杀！
啊啊，杀不尽的死！

啊啊死神真忙吓，
啊啊死神真忙吓，
前吓，
后吓，
左吓，
右吓，

来吓，

去吓，

啊啊死神真忙吓！

啊啊死神真忙吓！

啊啊死神真忙啊！

啊啊死神真忙啊！

啊啊，

吃吓，

喝吓，

喝吓，

吃吓，

这里吃吓，

那边喝吓，

这边吃吓，

那里喝吓，

啊啊！

啊啊死神真忙吓！

啊啊死神真忙吓！

什么？

雷——雷不敢作声，

什么？

电——电不敢现形，

只是——

只是——

刀碰枪，

枪触刀，

刀打刀，

枪对枪，

生生死死，

死死生生！

天明了，

番将逃了，

官兵胜了，

花姊姊领着，

死剩的活的，

小卒，

回营交令；

啊，死的完了

活的等着！

月儿又挂上天心，

小卒只以为是

引见死神的导灯，

最大的一粒鬼磷。

啊不，

今夜它是来道喜的，

贺你们的得胜，

杀死了多少的活人，

能干——侥幸。

论功行赏，

元帅笑嘻嘻地

谢着大将小卒，

备了几样菜，

开了几甏酒；

大家吃喝。

说说谈谈，

叫叫唱唱，

只便算是

血肉的代价，

生命的安慰了！

花姊姊也倾了一盏，

暗暗地祝着

爸爸康健，

大家在危险中

都得到安宁。

花姊姊，这一次吓

见到了不少事情，

她知道人们本不是

绝对的残忍，

那只是受了

打不破的见解的怂恿，

跳不出的环境的诱引，

逼着活人

拜见死神；

叫你们人
醒的都睡，
睡的不醒。

她又知道
人们的争斗性，
也不是天生，
为了怕自己死，
所以恨别人生；
提刀为的是抵枪，
拔剑为的是遇刃；
但他们只没知道
怪人家要拿起凶器，
应当自己先弃去了利兵。

"啊，自私自私，"
她只是疑惑着，
"也许这便是人们的罪名，
因而造物给以种种的苦刑；
不过造物万灵
既生之而复灭之，
为什么不使之不生？"

天机的秘密不可泄漏，
佛法的玄妙万难道明，
造物的狡狯（恶毒）

只能也不解而存在
凡人的中心。

中天一个月亮，
四面散着疏星，
花姊姊闷闷的凝望；
她像懂得，
她没懂得，
懂的是那
哀叫的一只夜莺。

十四，十一，六，剑桥。

头　发

梅李霜特的头发吓，
你在明月下与明月争光，
又一根根绕在你情人的颈上。

法摩夫人的头发吓，
被无情的手剪去了一束，
竟使有情的手写成了不朽之作。

啊这北极雪山般白的颊上，
漂来一层淡红芍药色的轻浪，
那眼球眉梢及发髻，
又像水獭休息在岸旁。

和风吹松了发髻，
发髻散披在肩上。
玉兔在月宫中望见了，
疑是嫦娥又离了天堂。

后半夜的梦醒，

白枕上的乌云：

衬托出这一点红星，

我将像天狗般狂吞。

啊情人的头发吓，

在情人心中打着结；

情人在这最短最快的时光里吓，

分分秒秒只是去解这无穷的结吧。

十五，一，三一，剑桥。

水 仙 吓

水仙吓！
你既然生在这污浊的泥里，
为什么还要有这一些的香气，
竟使过路的我也想爱你？

水仙吓！
我踏进了泥里把嘴来吻你，
但我又怎能将你采起？
你早已落在这污浊的泥里！

风来风吻你，
雨来雨吻你。
你为什么不逃遁或是躲避，
还笑盈盈地立在这污浊的泥里？

你是不是已失却了知觉，
那么对我犹怎会有情意？

啊和你来讲些什么爱呢？

还是让你住在这污浊的泥里！

十五，一，二一，剑桥。

一 首 诗

泪水在她脸上写着Y，
挣扎的呼吸和
奔跑的心跳harmonize了；
她又将胸怀里的烦恼，
寄托在手中打了结的帕上：
她又靠着长枕睡去了——
啊十五年一样的梦！

十五，二，二五，伦敦。

我只得也像一只知足的小虫[*]

金鞋子的太阳，
白石的Venus de Milo；
你们都是我
苦渴着爱时龙井的杯茶。

我生命像草芽已长出土面
诱恶的雨露曾喂我以精液；
甜蜜时罪恶是甜蜜的，
我竟从地狱中逃来这地狱的魔窟。

我知道了云有善变的颜色；
见到了南北东西流荡的浪漫之风，
我所明白的而又不明白的，
是陪伴着一切的高高太空。

---

* 首刊于《晨报副刊》，日期不明。

你能对我说吗，

这是否便是欲望的主宰？

他欺我以生之不尽死之无穷，

骗去了我们的美人白水青山。

他曾夸言他底万能，

我却从未见他来在地上。

他只有一件湿一件干，

一件明一件暗的四件衣裳。

他来不到这里——Louvre

也走不进Moulin Rouge

啊万能的上帝吓，

已失掉了两件莫大的荣誉。

啊先知所不肯解圣人所不能道的

像雾罩在雾里的神秘吓，

我只得也像一只知足的小虫

为趋迎着光明而投身入蛛网中吧。

啊金鞋子的太阳，

你要救我路又远遥！

啊白石的Venus de Milo

你要援我你手已断了！

Au Musée e Du Louvre，Mars 1926

病 痊

几天不见巴黎，
巴黎的风也已老了。
否则怎么竟会
吹到脸上粗糙不少？

巴黎我底巴黎，
我几时曾忘却了你？
我昨夜又梦见——
梦见你便是茶花女。

这样可爱的你，
我怎愿人人来恋顾？
但怕同去乡间，
你要嫌只对着个我。

想想人又倦了，
一步分二步地回去。

一切是一切底，

一切终久是一切底！

十五，四，一，誊正。

莎 茀

莲叶的香气散着青的颜色，
太阳的玫瑰画在天的纸上；
罪恶之炉的炭火的五月吓，
热吻着情苗。

弹七弦琴的莎茀那里去了，
莫非不与爱神从梦中相见？
啊尽使是一千一万里远吓，
请立刻回来。

你坐着你底金鸾车而来吧，
来唱你和宇宙同存的颂歌——
像新婚床上处女一般美的，
爱的颂歌吓。

你坐在芦盖艇石上而唱吧，
将汹涌的浪滔唱得都睡眠；

那无情的乱石也许有感呢，
听得都发呆。

蓝笤布的同性爱的女子吓，
你也逃避不了五月的烧炙！
罪恶之炉已红得血一般了，
你便进去吧。

你底常湿的眼泪烧不干吗？
下地的雨都能上天成云呢。
罪恶之炉中岂没有快乐在？
只须你懂得。

仿佛有个声音在空中唤着：
"莎莴你有什么说不出的苦？
说不出不说出当更加苦呢，
还是说了吧！"

海水像白鸥般地向你飞来，
  一个个漩涡都对你做眉眼。
你仍坐着不响只是不响吗？
咳我底莎莴！

四，十四，巴黎。

漂浮在海上的第三天

是我漂浮在海上的第三天，
浪滔覆盖了水面底笑颜。
啊这不见的深深里有几许秘密？
看吓好像是怨女底胸膛，
蕴藏着尽挣扎而犹不敢诉说的心事。
看吓好像是情人底眼睛，
包含了泪珠还待破碎的一日。
月光海色中间的我独自思索——
云角上是否乌暗的森林，
Olympus之山巅？
我耳边呜咽着的，
是否Apollo底琴声？
啊归家的游子底惭愧的心弦，
更怎当得讥诮底连续的拨弹！

十五，五，二四，地中海。

忧 愁

你伴着养媳在灶前，
血红的柴火也冰冷了；
你复将春雨般的泪珠，
不停地贡献。

初恋者底心丛中，
你也曾衔了枝枝叶叶
去造个窝窟；
光明的胸怀便时常幽黑。

啊你懦怯底兄弟！
啊你恐怖底父母！
你要是也像桃花般淫荡，
我便也将你采摘！

五，二九，红海。

十四行诗

生命之树底稀少的叶子，
被时光摘去二十一片了。
躲藏在枝间巢中的小鸟，
还没试用他天赐的羽翼；
他曾低弄他细嫩的喉音，
但有污浊而坚厚的雾幕，
挡住着幕中人不能听得。
啊这柔嫩而稀少的叶子，
片片数来有几个二十一？
那最忍耐而贪婪的时光，
总用他凶残的手来采摘。
枯瘦的新枝根根暴露了，
雨泪打动了小鸟底心灵，
想去云间慰安天底悲哀。

十五，五，三十，红海。

爱

海面千万条光鱼
和浪儿拼在一起；
这便是爱，
这便是爱的真谛。

一条山睡在雾里，
雾将山拢在怀里；
这便是爱，
这便是爱的原理。

雨珠儿尽吻着海，
海将雨吞在心里；
这便是爱，
这便是爱的神秘。

海水叫月月不语，
浪儿化作点点泪；

这便是爱，

这便是爱的滋味。

十五，六，四，印度洋。

诗人与耶稣

世界上来了个诗人，
没饭吃的家里多了个吃饭的。
啊处女的亲儿天主的爱子耶稣吓，
诗人可惜不像你吓，
诗人可惜有了个娘又有个爹。

诗人可惜有了个娘又有个爹。
便谁也不以为他负着有比你更重的使命！
你的使命是将信你的迎上天堂，
不信你的赶下地狱；
诗人的使命是叫人家自己造个天堂，
自己毁这地狱。

但是你的是圣者的明示，
他的是痴人的梦呓；
你的能说服万千的愚鲁的听众，
他的只能取信于他自己，

或是和他一般的疯子。

啊诗人可惜有了个娘又有个爹。

你在十字架上超升了，

诗人还在自己饮自己的眼泪。

你的灵魂永生，

哈哈诗人在笑你的不死。

（未记日期）

小 烛

一

明月对我说：
　"洵美！
　你去点枝小烛
　在我照不到的地方。"

二

白云在黑夜中是灰的——
爱人！
你认识我么？

三

白头鸟低下头去了
他看见樱桃

　　一天比一天红了

四

熄灯以后——
情人的爱
　　和一个不知名的势力说：
　　"现在是你的世界了。"

五

白云——
　　像梦一般带着文气来了！
　　像死一般留着诗意去了！

六

太阳睡了，
月亮醒了。
啊天堂地狱的门
是永久开着的吓。

七

隔岸的青草不说话。
啊，河水在弹琴。

八

五月！
你是早晚要去的……

（未记日期）

五月之什

恋　歌

碧玉的天池，
白璧的云荷：
云荷只生在天池中，
天池中只生着云荷。

天池便是你，
云荷便是我；
我只生在你的心中，
你心中只生着个我。

十四，十一，二七。

明 天

这朵黄花竟然开了，
一切都开了，
空气的道上，
复忙着来往的行鸟。

白露儿尽吻着青草，
青草格格笑；
吻着又拥抱，
拥抱到相相混沌了。

流泉声一声声低了；
黑夜中高叫，
叫来了红日，
这便是希望的酬报。

他俩也不嫌天明早，
醒了好久了；

看美的绿天，

试穿那玉的白云袄。

十四，十二，六，剑桥。

爱

谁没听到爱是这样这样的？
谁曾见得爱是怎般怎般的？
啊爱在哪里，
爱住在哪里？

为了要和流泉接吻的小石，
早晚地在这冷山涧中候着；
爱曾在这里，
爱常在这里。

夜来了太阳便须走向别处，
月儿因将所有的光明赐与；
爱也在这里，
爱惯在这里。

春了夏夏了秋秋了又是冬，
四季永久生存在宇宙之中；

爱总在这里，

爱爱在这里。

十五，一，十五，剑桥。

恐　怖*

我底心中还留着你底小影，
我底嘴上却消了你底唇痕；
太阳的红光已聚在山肩了，
啊那上灯的时分又要到了。

鼻里不绝你那齷龊的香气，
眼前总有你那血般的罪肌；
太阳的红光已聚在山肩了，
啊那上灯的时分又要到了。

十五，四，十二，巴黎。

---

* 首刊于1926年《屠苏》（狮吼社同人丛著第一辑）。

春

啊这时的花香总带着肉气，
不说话的雨丝也含着淫意；
沐浴恨见自己的罪的肌肤，
啊身上的绯红怎能擦掉去？

（未记日期）

夏

纯白的月光调淡了深蓝的天色，
热闷的喊叫都硬关住在喉咙里；
啊快将你情话一般温柔的舌儿，
来塞满了我这好像不透气的嘴。

十五，四，二六，巴黎。

情 诗

两瓣树叶般的青山，
夹着半颗樱桃般的红阳；
我将魂灵交给快乐，
火样吻这水般活泼的光。

啊淡绿的天色将夜，
明月复来晒情人的眼泪
玉姊吓我将归来了，
归来将你的美交还给你。

十五，五，十五，巴黎。

花

天和地结婚便生了他，
自然教育着渐渐长大；
他知道了什么是爱，
他知道了什么是美。

他充满了诗词的美丽，
是无声的音乐的具体；
便没别的贡献添助，
也尽了生命的义务。

他没有姊妹没有兄弟，
他不觉无聊反觉有趣：
大宇宙是他底宅寓，
枝和叶是他底伴侣。

他爱看他足下的溪沟，
向着无障碍处笑着流；

有时小石拦住中途，
他便从他身上跳过。

他也爱他头上的白云，
有超脱和高尚的精神；
虽有时友朋着灰浊，
但几曾有一次堕落。

他爱风不被环境束缚，
自由地逍遥东西南北；
曾踏尽高山底顶盖，
也曾吻遍了洋与海。

他知道了太阳底本能，
他知道了月亮底洁净；
本能不是时间造成，
洁净方有白的光明。

他最怕那悲哀的鸣鸟，
在甜蜜的空中说牢骚；
明明是快乐的歌调，
却含着眼泪来呼号。

他惜着那腥秽的世界，
怜着人们被龌龊淘汰；
他希望忍耐的雨珠，

把这污渍一一洗去。

他便吞了仙神的露浆，
吐出了他气息的芬芳；
将地狱染成了天堂，
一切烦恼消灭沦亡。

十五，六，一，印度洋。

五 月

啊欲情的五月又在燃烧，
罪恶在处女的吻中生了；
甜蜜的泪汁总引诱着我
将颤抖的唇亲她的乳壕。

这里的生命像死般无穷，
像是新婚晚快乐的惶恐；
要是她不是朵白的玫瑰，
那么她将比红的血更红。

啊这火一般的肉一般的
光明的黑暗嘻笑的哭泣，
是我恋爱的灵魂的灵魂；
是我怨恨的仇敌的仇敌。

天堂正开好了两扇大门，
上帝吓我不是进去的人。

我在地狱里已得到安慰，

我在短夜中曾梦着过醒。

十五，六，十。

To Sappho[*]

你这从花床中醒来的香气，
也像那处女的明月般裸体——
我不见你包着火血的肌肤，
你却像玫瑰般开在我心里。

十五，六，二〇，中国海。

---

* 首刊于1926年《屠苏》（狮吼社同人丛著第一辑），
　 原题为"莎苹"。

TO Swinburne[*]

你是莎茀的哥哥我是她的弟弟，
我们的父母是造维纳丝的上帝——
霞吓虹吓孔雀的尾和凤凰的羽，
一切美的诞生都是他俩的技艺。

你喜欢她我也喜欢她又喜欢你；
我们又都喜欢爱喜欢爱的神秘；
我们喜欢血和肉的纯洁的结合；
我们喜欢毒的仙浆及苦的甜味。

啊我们像是荒山上的三朵野花，
我们不让人种在盆里插在瓶里；
我们从澜泥里来仍向澜泥里去，
我们的希望便是永久在澜泥里。

十五，六，二十，中国海。

* 首刊于1926年《屠苏》（狮吼社同人丛著第一辑）

我忍不住了

我忍不住了我忍不住了！
白露总离不了秋的黑夜；
地的上面天天有个天在，
啊我怎能有一忽不见她？

我忍不住了我忍不住了！
灯尽望着月月尽望着灯；
偶然的风娘姗姗地步来，
我想抱她哟却揿痛了心。

十五，八，二十，夜半。

来 吧

我便这样地离了你，
我便这样地离了带泪的你，
你是染露的青叶子，
我便像那花瓣吓落下了地。

啊你我底永久的爱……
像是云浪暂时寄居在天海。
啊来吧你来吧来吧，
快像眼泪般的雨向我飞来。

十五，八，二十一，夜半。

爱的叮嘱

你是知道了的，我怎愿
我底玉石之书去走进那金银之宝库！
进去了时你是知道的，
我底有归宿的心又入了无目的的路。

为什么呢，好端端的鱼
要独自在泛滥汹涌的浪滔中去游泳？
为什么呢，小小的羊儿
要独自在狮洞虎穴狼窝狐窟前游行？

啊使若你心爱的人儿
徘徊在比牢狱更可怕的陷阱之周围，
你要是是有魂灵的人，
可仍像袒腹的荷叶临着秋风般安泰？

啊已将疲惫而厌烦了。
从生之户带着快乐忧愁到死之门前。

啊辟开的门户太多了，

请勿再问来去的道路而对仇雠乞怜。

十五，九，二九，夜半三时。

Ex dono Dei

为什么白水的海洋不是白的，
千万年的雨吓也洗不净天地？
啊我曾在光明里看见了黑暗——
秽污的皮肤贴着干净的身体。

甜蜜的日中或是酸苦的月下，
我当吻着你的唇吻着你的心，
像在深奥的山谷里呼号奔跳；
像在热烈的涧泉里沐浴游泳。

（未记日期）

童男的处女

二十年的男人生活做着女子过了，
因了爱的媒介吓我竟嫁给了情感，
正像是恋着月而做那夜鬼的侣伴。

新婚的甜蜜的日子在睡梦中化去，
淫滥的情感又受了那环境的牵引，
在柔弱的动作的时期中私生烦闷。

羞耻逼迫着我自己造了屋子躲避，
躲避道德的诟骂以及礼教的残凌，
我是个不屈志不屈心的大逆之人。

啊上帝你是我的我的一切是你的，
你像收留耶稣般收留我的烦闷吧，
他也曾以牛马的资格叫人做牛马。

（未记日期）

Anch'io sono pittore!

我梦见立在爱普老的座旁，
玫瑰花的座周有小鸟歌唱；
莎茀拨弹着她七弦的仙琴；
史文朋抱着他火般的爱光；

济慈正睡醒了痴听着夜莺，
倒流的泪染苦了甜蜜的心，
他是个牧羊儿在草上横卧，
月娘战战兢兢地过来偷吻；

啊这自然的图画的音乐的，
是万蕾的灵魂吐出的诗句，
彼多文的新风南的变形吓，
又有着瓜绿的风景的神髓；

你这坦直多情的田夫彭思，
含泪时的你也总带着笑意，

啊快乐是甜的忧愁也不苦，
乡村里的爱有天然的风味；

豆般的烟灯边的是包特蕾，
你是不是天上堕落的魔鬼；
你把你的肉你的血做了诗，
你这妖儿岂也在地下生产？

我不见拜伦雪莱莎士比亚；
也不见诗歌的祖宗荷马；
那爱爱友的爱妻的哥德吓，
只孤单单地压在时光之下。

（未记日期）

颓加荡的爱

睡在天床上的白云，
伴着他的并不是他的恋人；
许是快乐的怂恿吧，
他们竟也拥抱了紧紧亲吻。

啊和这一朵交合了，
又去和那一朵缠绵地厮混；
在这音韵的色彩里，
便如此吓消灭了他的灵魂。

十五，十，五，上海。

日昇楼下

车声笛声吐痰声，
倏忽的烟形，
女人的衣裙。

似风动云地人涌，
有肉腥血腥
汗腥的阵阵。

屋顶塔尖时辰钟，
十点零十分；
星中杂电灯。

我在十字的路口，
战颤着欲情；
偷想着一吻。

十五，十，五，一路电车中。

《花一般的罪恶》

1928 年 5 月上海金屋书店出版

1928 年 12 月上海书店影印出版

序曲（存目）

已见《天堂与五月》，第003页"序诗"

还我我的诗

还我我的诗，淫娃，

　　啊得了你的吻，失了我的魂。

我也像太阳般痴，

　　一天天环绕着，追逐着晨星。

啊我的晨星，淫娃，

　　为了你，我写不出一字半句。

要是你不爱我时，

　　我将怎样来寄托我的忧虑？

（未记日期）

歌

多少朵花儿谢了，
多少张叶儿落了，
多少株树儿枯了，
啊我们的上帝。

四月带来了五月，
十月赶走了九月，
青色变成了白雪，
啊我们的上帝。

忧愁与快乐和了，
魔鬼将天神骗了，
不死的爱情病了，
啊我们的上帝。

（未记日期）

Madonna Mia

啊，月儿样的眉星般的牙齿，
你迷尽了一世，一世为你痴；
啊，当你开闭你石榴色的嘴唇，
多少有灵魂的，便失去了灵魂。

你是西施，你是浣纱的处女；
你是毒蟒，你是杀人的妖异：
生命消受你，你便来消受生命，
啊，他们愿意的愿意为你牺牲。

怕甚，像蜂针般尖利的欲情？
刺着快乐的心儿，流血淙淙？
我有了你，我便要一吻而再吻，
我将忘却天夜之后，复有天明。

（未记日期）

五月（存目）

已见《天堂与五月》，第063页。

Z的笑

我知道了你的心，冷的火炎，
像在燃烧的冒着烟的冰窖。
你低了头笑，你有意将背心向了我而笑，
啊，你蛇腰上的曲线已露着爱我的爱了。

为甚你不常和我说话，说话，
只是不相关地望望又笑笑？
你低了头笑，你有意将背心向了我而笑，
莫非你在我眼睛中已见到了我的需要？

啊，你的心，你的背心，你的腰，
可容我将指尖儿抓上一抓？
你低了头笑，你有意将背心向了我而笑，
我不问你笑些什么，我的心早已满足了。

（未记日期）

月和云

月中有爱，云中什么没有；
虽然，一个有一个的温柔？
啊，可惜不能捉了月和云，
将他们来秤秤谁重，谁轻。

一个，有像蝌蚪般的眼睛，
一个，有未曾刺伤的樱唇；
啊，两件仙神羡慕的妖珍，
可容我，可容我一人来吞？

我已有桃红的罪恶，千千；
灰色的欲求吓，无厌无厌。
啊，为甚这有了我的世界，
有了她，有了她又有了她？

（未记日期）

我们的皇后

为甚你因人们的指摘而愤恨？
这正是你跳你肚脐舞的时辰，
净罪界中没有不好色的圣人。
皇后，我们的皇后。

你这似狼似狐的可爱的妇人，
你已毋庸将你的嘴唇来亲吻，
你口齿的芬芳便毒尽了众生。
皇后，我们的皇后。

管什么先知管什么哥哥爸爸？
男性的都将向你的下体膜拜。
啊将我们从道德中救出来吧。
皇后，我们的皇后。

（未记日期）

颓加荡的爱（存目）

已见《天堂与五月》，第075页。

昨日的园子

静了静了黑夜又来了；
她披着灰色的尼裳，
怀抱着忧郁与悲伤，
啊她是杀光明的屠刀。

她隐瞒了上帝的住处；
牛马鸡犬乌龟与人，
于是便迷茫地搜寻，
末后找到了魔鬼之居。

这里有个昨日的园子，
青的叶儿是黄了的；
鲜的花儿是谢了的；
活泼的鸟儿是死了的。

还有一对有情的人儿，
相相地拥抱了亲吻；

没有气吓也没有声，

啊他们是上帝的爱儿。

（未记日期）

春（存目）

已见《天堂与五月》，第057页。

一滴香涎

啊朋友你站在浣纱的溪边，
你可在怀想那过去的红颜？
蚯蚓吞食着的秽臭的泥里，
有美人儿最后的一滴香涎。

啊为了这同样的一滴香涎，
你已没福寄身圣庙的破檐，
你受尽了人的谩骂与天谴！
谁又来了解你谁又来可怜？

啊可是这同样的一滴香涎，
曾没沉了十百千万的宫殿；
文人才子为了她醉生梦死。
金盔铁甲的武士气息奄奄？

啊莫非这同样的一滴香涎，
像雪一般清凉像蜜一般甜？

爱吧尽量地爱你要爱的吧，

好蜂儿不再去谢了的花间。

（未记日期）

恐怖（存目）

已见《天堂与五月》，第056页。

堕落的花瓣

堕落的花瓣
贴紧你
青衫的衣襟，
怪香的。

美人是魔鬼；
爱了你，
她总沾污你，
一定的。

（未记日期）

莎茀（存目）

参见《花一般的罪恶》，第065页"To Sappho"。

To Swinburne（存目）

已见《天堂与五月》，第066页。

花（存目）

已见《天堂与五月》，第060页。

春 天

当春天在枯枝中抽出了新芽，
处女的唇色的鲜花开遍荒野；
泪儿溶化了白雪的她仍过着
一个长夜，一个长夜，一个长夜。

啊，看这柳叶子帘遮着的黄莺
独自颤动着翅膀呕吐着云霞；
烦闷，羡慕，痛苦，希望，送去了她
一个长夜，一个长夜，一个长夜。

啊，为了春天枯枝抽出了新芽；
啊，为了春天荒野开遍了鲜花；
为了什么，为了什么，她要过着
一个长夜，一个长夜，一个长夜？

（未记日期）

我忍不住了（存目）

参见《天堂与五月》，第067页。

来吧（存目）

已见《天堂与五月》，第068页。

死了有甚安逸

死了有甚安逸死了有甚安逸！
睡在地底香闻不到色看不出；
也听不到琴声与情人的低吟，
啊还要被兽来践踏虫来噬啮。

闷闷的心中的烦恼永远郁结，
尽你有千千万万苦去对谁说？
伴着腥臭的泥土秽污的蚯蚓，
长在黑暗中过着寂寞的年月。

西施的冷唇怎及××的手热？
惟活人吓方能解活人的饥渴。
啊与其与死了的美女去亲吻，
不如和活着的丑妇推送烂舌。

（未记日期）

爱的叮嘱（存目）

已见《天堂与五月》，第069页。

甜蜜梦

可爱的，可怕的，可骄人的，
处女的舌尖，壁虎的尾巴。
我不懂，你可能对我说吗，
四爿的嘴唇中真有愉快？

啊，玫瑰色，象牙色的一床，
这种的甜蜜梦，害我魂忙：
我是个罪恶底忠实信徒：
我想看思凡的尼姑御装。

（未记日期）

Ex dono Dei（存目）

已见《天堂与五月》，第071页。

我是只小羊

我是只小羊，
你是片牧场。
我吃了你我睡了你，
我又将我交给了你。

半暗的太阳，
半明的月亮，
婴孩的黑夜在招手，
是小羊归去的时候。

小羊归去了，
牧场忘怀了。
我是不归去的小羊，
早晚伴着你这牧场。

（未记日期）

Légende de Pâris

啊我底可爱的维纳丝，
我把这金苹果送给你；
你快给我个美人绝世，
这次的胜利乃是你底。

但这美人吓须要像你，
须要完全的像你自己，
要有善吸吐沫的红唇；
要有燃烧着爱的肚脐：

也要有皇阳色的头发；
也要有初月色的肉肌。
你是知道了的维纳丝，
世上只有美人能胜利。

美人是遮蔽天的霞云；
美人是浪之母风之姊；

美人是我底灵魂之主，
啊却也是时光底奴隶。

（未记日期）

情诗（存目）

已见《天堂与五月》，第059页。

恋歌（存目）

已见《天堂与五月》，第051页。

日昇楼下（存目）

已见《天堂与五月》，第076页。

上海的灵魂

啊，我站在这七层的楼顶，
上面是不可攀登的天庭；
下面是汽车，电线，跑马厅，

舞台的前门，娼妓的后形；
啊，这些便是都会的精神：
啊，这些便是上海的灵魂。

在此地不必怕天雨，天晴；
不必怕死的秋冬，生的春：
火的夏岂热得过唇的心！

此地有真的幻想，假的情；
此地有醒的黄昏，笑的灯；
来吧，此地是你们的坟茔。

（未记日期）

花一般的罪恶*

那树帐内草褥上的甘露，
正像新婚夜处女的蜜泪；
又如淫妇上下体的沸汗，
能使多少灵魂日夜醉迷。

也像这样个光明的早晨，
有美一人踏断了花头颈；
她不穿衣衫也不穿裤裙，
啊，是否天际飞来的女神？

和石像般跪在白云影中，
惫倦地看着青天而祈祷。
她原是上帝的爱女仙妖，
到下界来已二十二年了。

* 首刊于1928年《一般》杂志第4卷第1期。

她曾跟随了东风西方去，
去做过极乐世界的歌妓；
她风吹波面般温柔的手，
也曾弹过生死人的铜琶。

她咽泪的喉咙唱的一曲，
曾冲破了夜的静的寂寞；
曾喊归了离坟墓的古鬼；
曾使悲哀的人听之快乐。

她在祈祷了，她在祈祷了，
声音战颤着，像抖的月光，
又如那血阳渲染着粉墙，
红色复上她死白的脸上。

"啊，上帝，我父，请你饶恕我！
你如不饶恕，不妨惩罚我！
我已犯了花一般的罪恶，
去将颜色骗人们的爱护。

人们爱护我复因我昏醉，
将泪儿当水日夜地灌溉；
又买弄风骚吓对我献媚，
几时曾想到死魔已近来。

"啊死魔的肚腹像片汪洋，

人吓何异是雨珠的一点；
啊，死魔的咀嚼的齿牙吓，
仿佛汹涌的浪滔的锋尖。

"我看着一个个卷进漩涡，
看着一个个懊悔而咒咀，
说我是蛇蝎心肠的狐狸，
啊，我父，这岂是我的罪过？

但是也有些永远地爱我，
他们不骂我反为我辩护；
他们到死他们总是欢唱，
听吧，听他们可爱的说诉：

"世间原是深黑漆的牢笼，
在牢笼中我犹何妨兴浓：
我的眉散乱，我的眼潮润，
我的脸绯红，我的口颤动。

"啊，千万吻曾休息过了的
嫩白的醉香的一块胸膛，
夜夜总袒开了任我抚摸，
抚摸倦了便睡在她乳上。

"啊，这里有诗，这里又有画，
这里复有一刹那的永久，

这里有不死的死的快乐，
这里没有冬夏也没有秋。

"朋友，你一生有几次春光，
可像我天天在春中荡漾？
怕我只有一百天的麻醉，
我已是一百年春的帝王。

"四爿的嘴唇中只能产生
甜蜜结婚痛苦分离死亡？
本是不可解也毋庸解释，
啊，这和味入人生的油酱。"

上帝听了，吻着仙妖的额，
他说：烦恼是人生的光荣；
啊，一切原是"自己"的幻相，
你还是回你自己的天宫。

仙妖撤脱了上帝的玉臂，
她情愿去做人生的奴隶；
啊，天宫中未必都是快乐，
天宫中仍有天宫的神秘。

《诗二十五首》

1936 年上海时代图书公司出版

1988 年上海书店影印出版

赠一诗人*

假使一百年后再有个诗人，
他一定不像我，也不像你；
温柔箍紧他灵活的身体，
他认不得这是黄昏这是春。

啊，他再不会记得我，记得你。
他再不会念我们的词句：
在他眼睛里，我是个疯子，
你是个搽粉点胭脂的花痴。

但是也许有个梦后的早晨，
枕边闻到了蔷薇的香气，
他竟会伸进他衬褥底里，
抽出两册一百年前的诗本。

洵美的梦[*]

从淡红淡绿的荷花里开出了
热温温的梦，她偎紧我的魂灵。
她轻得像云，我奇怪她为什么
不飞上天顶或是深躲在潭心？
我记得她曾带了满望的礼物
蹑进失意的被洞；又带了私情
去惊醒了最不容易睡的处女，
害她从悠长的狗吠听到鸡鸣：
但是我这里她不常来到，想是
她猜不准我夜晚上床的时辰。
我爱让太阳伴了我睡，我希望
夜莺不再搅扰我倦眠的心神，
也许乘了这一忽的空闲，我会
走进一个园门，那里的花都能
把他们的色彩芬芳编成歌曲，

* 首刊于1931年《诗刊》第1期

做成诗，去唱软那春天的早晨——
就算是剩下了一根弦，我相信
她还是要弹出她屑碎的迷音，
（这屑碎里面有更完全的缠绵）
任你能锁住了你的耳朵不听，
怎奈这一根弦里有火，她竟会
煎你，熬你，烧烂你铁石的坚硬。
那时我一定要把她摘采下来，
帮助了天去为她的诗人怀孕。
诗人的肉里没有污浊的秧苗，
胚胎当然是一块纯粹的水晶，
将来爱上了绿叶便变成翡翠，
爱上了红花便像珊瑚般妍明：
于是上帝又有了第二个儿子，
清净的庙堂里重换一本圣经。
这是我的希望，我的想：现在，她
真的来了；她带了我轻轻走进
一座森林，我是来过的，这已是
天堂的边沿，将近地狱的中心。
我又见到我曾经吻过的树枝，
曾经坐过的草和躺过的花阴。
我也曾经在那泉水里洗过澡，
山谷还抱着我第一次的歌声。
他们也都认识我，他们说：淘美，
春天不见你；夏天不见你的信；
在秋天我们都盼着你的归来；

冬天去了，也还没有你的声音。

你知道，天生了我们，要你吟咏；

没有了你，我们就没有了欢欣。

来吧，为我们装饰，为我们说诳，

让人家当我们是一个个仙人。

我听了，上下身的血立时滚沸，

我完全明白了我自己的运命：

神仙的宫殿决不是我的住处。

啊，我不要做梦，我要醒，我要醒！

女 人*

我敬重你，女人，我敬重你正像
我敬重一首唐人的小诗——
你用温润的平声干脆的仄声，
来捆缚住我的一句一字。

我疑心你，女人，我疑心你正像
我疑心一弯灿烂的天虹——
我不知道你的脸红是为了我，
还是为了另外一个热梦。

* 首刊于1931年《诗刊》第2期

一首小诗[*]

我没曾给你看我心上的画图；
里面有个你，虽然有些儿模糊。

我总忘不了你；假使我成了仙，
我要在天堂的门前等你上天。

那怕变了鬼我还是要耐了冷，
在地狱的洞口等着你的灵魂。

但是，现在我只能做一首小诗
对你说，我在想你想得发了痴。

---

* 首刊于1931年《诗刊》第2期，原题为"小诗一首"。

季 候*

初见你时你给我你的心，
里面是一个春天的早晨。

再见你时你给我你的话，
说不出的是炽烈的火夏。

三次见你你给我你的手，
里面藏着个叶落的深秋。

最后见你是我做的短梦，
梦里有你还有一群冬风。

*首刊于1931年《诗刊》第2期

声　音*

夏夜在雷雨的中间，有一个
陌生的声音对我说，我已走错了
我要走的路，在白云里不能去找虹，
在杨柳的绿叶里也不一定有
桃花的影子。

　　今早，不知名的天使
投进一封平常的信，从门缝里：
迷醉的字体象征一个含糊的
新闻，她给我幸福，她给我比幸福
更可怕的灾害。

　　我不愿做灯蛾，更不愿
把自己的火去烧扑不灭的火；
我知道饥饿的眼睛会找到荼毒的
食粮——原来上帝也有说不出

---

* 首刊于1933年《诗篇》月刊第2期。1937年邵洵美与
Harold Acton合译此诗，刊于 *Tien Hsia*（《天下》）月刊
第5卷第1期，题为 "Voice"。

理由的时候：当他要禁止有翅膀的
飞；有情感的爱；有痴望的唱出
他自己都不曾预备着的歌声。

但是诗不能就这样地结束，
正如上帝也有他讲不完的故事。
她要我答复（我想不出违心的话），
我说我喜欢幸福怕灾害；
究竟哲学不是处女的期望，
白发的恐怖不比樱桃的艳红，
她要我讲出我遗忘了的成语，
她要我相信一朵嫩弱的花不用
季候的欺侮她自己会凋零；
但是，我怕，我怕让同情揭穿了
我庄严的虚伪，一个摧残了的
天真。我把右手心贴着左手心，
一种单调的声音做了我的回答。
这时候，我说，要是有酒，酒会
使我交出一篇料不到的供状：
虽也许只是一首背熟的诗，
一个想熟的字，一张看熟的画；
可是他们都会像箭头瞄准了
箭靶，一射就射中最里面的一点。
这时候，只有耶稣会对你说，一切的
安慰，报酬和爱都在那一支钉上。
事情就会闹大，眼泪会像雨，

情感会像风，自己会没有主张。
你便会第一次见到灵魂和肉体
各自说出各自不敢说的话。
好在忧愁是你家常住的客，
你少不掉他，正如人少不掉灵魂，
灵魂少不掉爱，爱少不掉你。

为什么平凡也会踏进你的门，
你款待他像是款待一个奇迹？
你竟然把白鸽去配乌鸦，你把
麻雀当夜莺，你不问他所要求的
是不是你痛苦的半份，或是
来对你贡献一颗完整的礼物。

啊，我恨这世上有你，没有你
情感的跳动就有了一定的分寸。
他不再会在那条幽暗的狭弄里，
那壁灰白的高墙边，去解答一种
解答不出的哑谜：烦闷对于他
就没有了诱惑；出汗的梦
也就永远封锁进遗忘的仓库。
我恨你，因为你像酒精泼上光净的
桌子般来到我这里：我虽然不敢
燃上火，造出红的，绿的或是黄的花，
但是你却不等那疯癫的时刻到来，
竟在我心上留了片印子走了。

这印子留得深，像是用了不知
那一个神的力，把最细的金针
镌在不能洗涤也不能磨灭的
地方。我不信还会有第二个神
能为我抹去这一个纯洁的痕迹！
我恨你不走来对我说，我所有的
你的印象原是我自己的幻想：
你从没有到过我心里，更没有
在我心里撒过一粒会开花的
种子。我恨你为什么不对我说，
我应当把你忘掉，像我忘掉
我自己，当黄昏长得像早晨般美丽。
啊，幸亏月亮的话我懂得，她说：
我从没有对你笑，那是小风
带动了我的面纱；我也从没有
对你下泪，那是冷雾里的水花。
我也从没有看过你一次，我的
光明是为了天下人的眼睛。
你不用怪我辜负你，我从没有
需要你的爱护，怜惜和侍候。
你也不用怪我冷淡你，因为我
从没有预备着热烈的酬应。
火是你的，痴是你的，温柔是
你的，那懊恼就得由你收受。
你更不用等着我，我的来去
有我自己的时候：雄鸡的啼号

会催我睡眠，晚上小鸟的歌唱
又会催我梳妆，你千万不用想
我的朝暮的来去又是为了你。
可怜一个见过仙人的，他总想
自己上天。他明知道蜜蜡的羽翼
会化尽在火炽的日光里，他明知道
云边的大风曾吹断过几千万对
钢铁的翅膀：但是他总制不住
欲望的超升，像是一颗陨石
要趋向另一个星球，他要趋向
你。——假使你在梦中，听得有
一个遥远的声音在唤着你的
名字，留心，这便是他在走近！

自然的命令*

自然的命令，选择的权柄是她的。
只要她愿意，她可以安置她的心
在大鹏鸟的翅膀中间飞上青天，
她也可以跟随最眼快的老鹰
射那不肯放松的一箭；她也可以
让白鸽带了她平稳地旅行，旅行
到顶高的云端，再骄傲地俯瞰
那一群曾疯癫地追逐她的朋友。
可是她要等，我不懂她是不是
要等人家忧愁的长成，来衬托
第三个冬天，她一声冰冷的再会！
我早就明白她这一个松脆的决定
受不住北风的打击马上就破碎。
因为她能唱，唱到夜莺变哑巴；
因为她有一双看不远的眼睛

* 首刊于1933年《诗篇》月刊第1期

会看得孔雀羞惭地把彩屏收起。

可是最叫人怜爱的，是她的幽静，

孤独像五里外轻雾里隐约的岛屿：

在她的疆界里没有风，我几乎

不相信江水会在她的周围流动。

要是在早晨，在最早的早晨，我们看

露珠罩住她用一网透明的梦，

我们就会怕这一段娇弱的身体，

要经不起拥抱，淌出淡味的汗；

可是谁又敢挑破这张心跳的

风景？啊，我但愿有残忍的刑具

能加上她，更好是钢铁的枷锁，

枷锁住她的手，脚，眼睛和嘴唇，

把她关闭进三十三天上的牢狱，

叫她的声音永远传不到人间。

本来喂哺她不能用平常的草谷；

侍候她，你可预备着神仙的食粮？

也许她自愿忍受着饥渴，可是

这饥渴有什么名目？你不能用

竹编的笼子骗她是金铸的宫殿；

你不能用一小觚糖水骗她是

打蜜铁铃岛上带来的葡萄浆。

因为她只是一头天真的小鸟，

不知道爱她的会对她说谎。

事情全瞒不了我，讲假话总得

有个分寸。你可以对虚荣的凤凰

说你有几千几万朵牡丹，说你有

一面太阳可以早晚照着她梳妆；

你可以对强悍的乌鸦说你有比

喜鹊的窝巢三百倍温软的床铺：

苦楚是他们的名分，上帝许你。

可是你总不应当骗她，你得让

她尽量地享受两次春风的抚拂，

让她明白这老大的宇宙从没有

待亏她，从没有厌倦她的吟咏。

天和地*

请原谅我这荒荡的固执，仙人。
醒时睡时我总看见你；原因是
我早把你的形象刻成了印子，
打上无数的印花在我的灵魂。
我对你的颂扬，不管你听不听，
准确地喊叫着像正午的鸡啼；
为我每一秒钟就是一个昼时，
每一秒钟又会加高我的嗓音。
我并不希望你会从天上下来——
一个霹雳要惊动一切的事物。
我但愿不经意地在一个春天，
当人们自己忙着自己的欢快，
小风能不动声色地送个消息，
就说天和地终有一天会接连。

* 首刊于1933年《诗篇》月刊第2期

Undisputed Faith[*]

不要过分地怀疑我，朋友。
诚心地我要装饰这墙壁，
但是我有太多的名作
会使主人惊异这镜框里
时常有不可预言的变换。
我并没有想要遮隐或炫耀，
但是我明白在季候更替的
空气里，色调要随时有
新的配置：像是山头和树顶
春天不能留恋冬天的衣裳；
像是白雪，它没有固定的
形式，但是它自由在一个
最大的范围里。它决不会，
也从没有躲避仙神的
驾御和使遣。它是一个

* 首刊于《诗篇》月刊第3期

会心的奴隶，你该明白。
我时常会放进诱惑的
图画，使主人过度地兴奋，
使他以为宇宙在他的
卧室里失了节；他早忘却
窗帷外那只铁板的面孔——
可怜它不愿放弃它历史的
尊严。我又时常会放进
平淡的速写，因为跑得
比时光更快的，还有
刹那间的欢乐，这个，你须在
冷寂中去回味；但是，
这并不说生命便是死，
因为死究竟是一片容许
延宕的账单，你可以借了
神的力或是人的力去关说，
要他宽限些时日再索取。
我相信这事情的可能，
否则死神也会感觉到
他权威的单调。我又时常会
放进一些最纯粹的作品，
没有指定也没有名目，
只是线条和色彩的建筑；
这建筑也许有意义，但是
创造者从没有顾虑到它的
结果是失败或是成功。

这是真理的试探，你可以
借名来捏造出多少幻象。
朋友，我的苦心，也许会
使你感到麻烦和多余；
但这是我所能做的一切：
尽量地把人工去安慰天然。

自 己*

我认识这是我自己，默数着
夜莺嘴里三百六十五个日子：
这些不适用的铅印的记号。

已不是一次，我疑心上帝拨错了
算盘珠，结果是不准确的答数；
我知道墨砚的半边有一间经堂。

潮水也会逃避月亮，为什么
一定要变成眼泪叫天神哭？
但是，她发现了填不满的沟壑。

现在应当是你能回想的时候：
搬不动是江心里一座孤岛，
她曾经被奸污，身体和灵魂。

* 首刊于1933年《诗篇》月刊第1期

你以为我是什么人*

你以为我是什么人？
是个浪子，是个财迷，是个书生，
是个想做官的，或是不怕死的英雄？
你错了，你全错了；
我是个天生的诗人。

我爱金子为了她烁烂的色彩；
我爱珠子为了她晶亮的光芒；
我爱女人为了她们都是诗；
啊，天下的一切我都爱，
只要是不同平常。

但是，有的时候，
极平常的一个肥皂泡，一声猫叫，
或是在田沟里游泳的蝌蚪，

* 首刊于1930年《金屋月刊》第11期

也会使我醉，使我心跳，

使我把我自己是个诗人忘掉。

是不是把肥皂泡当作了虹，

把猫叫当作了春的笑声，

把蝌蚪当作了女人的眼睛？

我不知道，我全不知道；

你得去问那个不说谎的诗人。

牡 丹*

牡丹也是会死的
但是她那童贞般的红,
　　淫妇般的摇动,
　　尽够你我白日里去发疯,
　　黑夜里去做梦。

少的是香气:
虽然她亦曾在诗句里加进些甜味,
　　在眼泪里和入些诈欺,
但是我总忘不了那潮润的肉,
　　那透红的皮,
　　那紧挤出来的醉意。

* 首刊于1930年《金屋月刊》第11期

出门人的眼中[*]

温柔匍伏在自己家里的枕旁，
出门人的眼中是数不尽的渺茫，
每一只陌生的面孔是一种恐慌；
不知名的鸟儿便是对了我歌唱，
我也当是在嘲笑我来自东方。

也有缱绻的手圈住我的项颈，
我也尽把金钱去换他们的恩情，
镜子里也有过两对两样的眼睛；
我怕异香的玫瑰虽让小蜂吸吮，
遭殃的是那尝到甜味的灵魂。

---

* 首刊于1929年《金屋月刊》第4期

我不敢上天 *

我不敢上天，我不敢上天，
天上有不少白了的红颜，
你要我去，我便去，怕只怕
找到了的心儿又要不见。

虽然我已经闻过了花香，
甜蜜的故事我也曾品尝，
但是可怕那最嫩的两瓣，
尽叫我一世在里面荡漾。

我要造个云母石的建筑，
上面刻着一束束的发束；
我要叫这些缠人的妖丝
不再能将我的灵魂捆缚。

* 首刊于1929年《雅典》第1期

在这年岁老不了的天廷，
我不怕菩萨要我扮正经；
我就怕，我又奇怪，为什么
一个个的仙女都很年轻。

永远想不到的诗句*

酒是人喝的，朋友，人便得喝酒，
金黄的，翠绿的，连比白玉更白的都有；
经过了肠子，便打血管里面走——
一个个舞女在跳舞，一条条鱼儿在游；

袅动，轻送，翻涌，我懂得酒的话，
莫忘了今天比明天更值得宝贵，牵挂。
要什么东西不妨到醉里去拿，
那里有掘不到的黄金，采不到的鲜花；

那里的深夜不黑，太阳不煊红；
那里有我们做过的与没做过的欢梦；
那里的时光奔跑得比较从容；
那里的忧愁的确有一只快乐的面孔。

---

* 首刊于1929年《金屋月刊》第1期

来吧，朋友，我们赶快同去那里，

一杯，两杯，三杯，管叫你把你自己忘记；

这时候的你，朋友，这时候的你

便好像想到了句永远想不到的诗句。

风吹来的声音[*]

我不相信，我不相信，这风吹来的声音，
第一，我现在仍是和以前同样地年青。
你不看见吗，与樱桃一般颜色的嘴唇，
仍将我这两行白玉的牙齿包得紧紧？

在这红红的卧房里，啊，还睡着个美人，
血霞色的靥儿，血霞色的上身与下身；
朋友吓，尽你有几千个柳下惠的耐忍，
怕难逃，怕难逃，这小小舌尖儿的钩引。

不讲我端正的鼻子；或是能言的眉心；
也用不到将闪婪的星星比我的眼睛；
也用不到将这一颗颗酒涡去比陷阱；
也不用到将我的头发去比乌云，黄金；

* 首刊于1928年《狮吼》复活号半月刊第7期

也用不到说我的手像春笋，脚像红菱；
也用不到说我的胸脯像小鹿般欢欣；
也用不到说我的活泼能使你们尽情；
且静一静心，看我整个儿的似仙似神。

一百个灵魂，一百个灵魂要为我沉沦；
一百对羽翼，一百对羽翼要为我折尽。
火炽的心窝，你便烧死，你也得来投奔；
不必布什么迷阵，怕你不走这条路程。

啊，谁说人间真会有第二个怪物妖精，
敢将我手掌中的，裙腰下的，囚奴占侵？
去，去，休将你的口蜜造出甜香的宫廷，
我不相信，我不相信这风吹来的声音。

假使我也和神仙一样[*]

假使我也和神仙一样，
会把自己来变马变象；
我要在背上生对羽翼，
变一只最美丽的凤凰。

我要叫女人看了妒忌，
我要叫女人知道谦虚；
以后有男子向她求爱，
不再把自己睡在云里。

假使我也和神仙一样，
会把自己来变马变象；
我要在身上涂些金色；
变一个铁心肠的偶像。

* 首刊于1930年《金屋月刊》第12期

那时有女人哭着乞怜，
我便不再会改动圣颜；
也不再忍了汗忍了泪，
做了诗向她们去呈献。

绿逃去了芭蕉[*]

绿逃去了芭蕉，红逃去了蔷薇，
我再不能在色彩中找到醉迷；
也许会有一个白日或是黑夜，
她将我领回昨天的梦的国里。

假使落下地的雨点再会高飞，
我一定能采了星和月来赠你；
只是可怜的白鸽已上了年纪，
他再不想去逗引霞云的欢喜。

* 首刊于1929年《金屋月刊》第4期

死了的琵琶*

这是一只死了的琵琶，
他再不能歌唱再不能说话；
他已没有要讲的故事，
他已不想把才子去配娇娃；

他早已是老了的，老了，
枯喉里早没有热烈的音调；
几声叹息又几声呛咳，
这便是他静默的时候已到。

他已没有甜蜜的消息；
他怕你们把他的苦颜认识。
饶了他吧，莫再去拨弹，
这一只琵琶早已是死了的。

* 首刊于1929年《金屋月刊》第3期

蛇*

在宫殿的阶下，在庙宇的瓦上，
你垂下你最柔嫩的一段——
好像是女人半松的裤带
在等待着男性的颤抖的勇敢。

我不懂你血红的叉分的舌尖
要刺痛我那一边的嘴唇？
他们都准备着了，准备着
这同一个时辰里双倍的欢欣！

我忘不了你那捉不住的油滑
磨光了多少重叠的竹节：
我知道了舒服里有伤痛，
我更知道了冰冷里还有火炽。

* 首刊于1931年《声色》杂志第1期

啊，但愿你再把你剩下的一段
来箍紧我箍不紧的身体，
当钟声偷进云房的纱帐，
温暖爬满了冷宫稀薄的绣被！

情　赃[*]

拿去吧，这是从你那里偷来的。

去过花丛的谁不带回一点花香，
一点醉，一点缥缈，再是一点幻象？
昨夜在诗人那里带回了些诗意，
今天在情子那里带回了些情赃。

像是白蔷薇的花瓣儿两片三片，
又嫩又滑的，留心看晕了你的眼：
这一片有几千万斤的劝告，安慰；
那一片有几千万斤的醋意，怨嗔；

再有最后的一片，早已残缺不全，
是泪儿湿化了，还是经了舌儿舔？

* 首刊于1929年《金屋月刊》第5期

啊，还了你吧，我怕白花瓣会变黄，

他们已离了你，离了生命的源泉。

在紫金山*

我没有攀着藤，也没有跨着云，
力的象征送我上最高的峰巅，
我可以打最东边看到最西边，
俯视着几百千种生灵的动静；
整个的南京原来像一张荷叶，
玄武湖像是荷叶上一颗露珠：
要是这光景可以写成首短诗，
那么就试这一幕自然的冷寂。
我再看，看到了最远处的朦胧，
我嫌那白云不够透明，疲倦的
太阳太红；再看那月亮，一半醒，
怕她自己还以为自己在做梦？
啊，最伟大的是人，我今天明白，
上帝造这许多东西给他批评。

---

* 首刊于1933年《诗篇》月刊第1期

到乡下来*

到乡下来——
黄牛的跟前
一碗白饭。

到乡下来——
天明了上山，
暗了下山。

到乡下来——
乡下的老人
没有年岁。

到乡下来——
乡下的少女
会种青菜。

* 首刊于1930年《金屋月刊》第12期

到乡下来——
做不成诗人，
到乡下来。

二百年的老树*

在那庙前，水边，有棵老树，
光光的脑袋，绉绉的皮肤，
他张开了手臂远望青山，
像要说诉他心中的闷苦。

二百年前在这里种了根，
便从未曾动过一寸一分，
他看着一所所村屋砌墙，
他看着一所所村屋变粉；

他看着几十百对的男女，
最初都睡在母亲的怀里，
吮着乳，哭，笑，小眼睛张闭，
不久便离了母亲去田里。

* 首刊于1929年《金屋月刊》第7期

待到男的长大，女的长美，
他们便会在树阴下相会，
一个忘记了田里的锄犁，
一个忘记了锅里的饭菜。

"我骑在黄牛背上吹小笛，
你坐在竹篱边上制夏衣，
春天快跨上那山头树顶，
别忘了今晚上到后园去。"

"我坐在竹篱边上制夏衣，
你骑在黄牛背上吹小笛，
春天已跨上了山头树顶，
别忘了昨晚上在后园里。"

他看着他们的脸儿透红，
他看着他们弯了腰过冬；
没多时他们也有了儿女，
重复地扮演他们的祖宗。

他已看厌了，一件件旧套，
山上的老柏，河上的新桥；
他希望有一天不同平常，
有不同平常的一天来到。

新嫁娘*

问

啊珠宝冠下的新嫁娘，
一切的荣耀今夜属你；
你还有什么事要悲伤？

今夜的爱情当如太阳，
暖暖地贡献给你胸膛；
你还有什么事要悲伤？

你迎情而紧闭的唇上，
当添一个男性的吻香；
你还有什么事要悲伤？

求必得的快乐的箭上，

* 首刊年份与刊物不详

当将你处女的血沾染，
你还有什么事要悲伤？

答

咳你要问我为甚悲伤，
这原是我独有的痛创；
我怎能有一忽不悲伤！

光明离我黑暗的胸膛，
从此披了罪恶的衣裳；
我怎能有一忽不悲伤！

祸秧儿早有别人种上，
方才是六只眼睛拜堂；
我怎能有一忽不悲伤！

只可怜这糊涂的新郎，
他将与一个淫妇同床；
我怎能有一忽不悲伤！

佚 作

白绒线马甲

白绒线马甲呵！
她底浓情的代表品，
一丝丝条纹
多染着她底香汗；
含着她底爱意；
吸着她底精神。
我底心换来的罢？

白绒线马甲呵！
她为你，
费了多少思想；
耗了多少时日；
受了多少恐慌。
嘻，为的是你么？

白绒线马甲呵！
我将你穿在身上，

我身负重任了！

我欠了无上的债了！

我心窝里添了无数的助燃品了！

这是我永久……诚实……希望的酬报呵！

白绒线马甲呵！

你身价万倍万万倍了！

你得我终身的宠幸了！

你将做我惟一的长伴了！

白绒线马甲呵！

你须将你的本色

代表她底呵！

选自1923年12月5日《申报》

二月十四日[*]

（散文诗）

一

"我们看月呀！从线般看到弓样，从弓样看到球状；球状时便在月中跳舞！我们看花呀！从含葩看到开花，从开花看到结果；结果时便在花下唱歌！我们看他俩呀！从初恋看到倾心，从倾心看到成婚；成婚时便绕着他俩跳舞唱歌！"

爱神同他的恋人，手儿携手儿肩儿并肩儿地环绕着他俩，歌着，唱着，舞着，跳着。

他俩只是口儿对口儿胸儿贴胸儿地拥抱着，也没听得，也没见得。

"爱！你看！他俩都是瞎子。他俩一些看不见什么，他俩也一些不想看见什么。他只要看见她，她只要看见他！爱！你看！他俩都是聋子。他俩一些听不到什么，他俩也一些不想听到什么。他只要听到她，她只要听到他！"爱神对他的恋人这样说。

---

* 二月十四日为西方情人节，st. Valentine's Day。

二

"春天了！自然又染上了画师画不出的颜色。诗人的心花放了，情人的心花放了，一切的心花放了；老夫和他的老妻说笑着，小孩和他的小伴打趣着；鸟儿也歌颂，赞美，高呼，欢唱！"

爱神同他的恋人，手儿携手儿肩儿并肩儿地环绕着他俩，歌着，唱着，舞着，跳着。

他俩只是口儿对口儿胸儿贴胸儿地拥抱着，也没听得，也没见得。

三

"夏天了！太阳的眼睛张得更大了，更光明了。他极热诚地对我们望了几望，我们都出汗了。他以他的尝试为有效而更热了，我们的汗也出得更多了！"

爱神同他的恋人，手儿携手儿肩儿并肩儿地环绕着他俩，歌着，唱着，舞着，跳着。

他俩只是口儿对口儿胸儿贴胸儿地拥抱着，也没听得，也没见得。

四

"秋天了！花草枝叶都换了一张脸，散的散，去的去了，他们以长远的工作而得到永久的休息了。云霞多少美丽呀！红里带黄，黄里参绿，绿里和蓝，蓝里夹紫；又红，又黄，又绿，又蓝，又紫，好像打翻了调颜色的水缸！"

爱神同他的恋人，手儿携手儿肩儿并肩儿地环绕着他俩，歌着，唱着，舞着，跳着。

他俩只是口儿对口儿胸儿贴胸儿地拥抱着，也没听得，也没见得。

五

"冬天了！风呀！雪呀！藏起了秋的老。老的灵魂得到安慰了，有所归宿了。一切的心都蕴藏着秘密，等候明春相示了。你待着，我待着，大家待着罢！"

爱神同他的恋人，手儿携手儿肩儿并肩儿地环绕着他俩，歌着，唱着，舞着，跳着。

他俩只是口儿对口儿胸儿贴胸儿地拥抱着，也没听得，也没见得。

六

在这个时候，——正在这个时候，天下来了，地上去了，天地合体了！

选自1925年5月《妇女杂志》第11卷第5期

Sphinx献诗*

你背上是几千万顷的沙石；
你身后是几千万重的山峡；
你目前是几千万里的河流；
你耳旁是几千万声的呼吁。

啊，你这神秘的猫形的东西，
你以哑谜作你锄莠的利器；
但是自从被Oedipus猜透了，
你便不声不闻地倒下在地。

如今吓，你也变了偶像之一，
在风雨的摧残中饮声吞泣。
命运使然吧，你底胜利失败，
但犹何曾埋没了你底心迹？

* sphinx 即狮身人面像。

去去，过去的是过去的陈迹！

你有吓，你有你将来的事业！

再去逞你良心上的欲求吧，

你除了一个哑谜岂没别的！

选自1927年5月《狮吼》月刊创刊号

莫 愁

正如我昔日的幻想今日的热望，
夜来你造成我异乡的欢梦，
点着你处女的朱唇又穿着仙装
你轻步来在我的床边低唱。

我不伤心你的寂寞摧残了容光。
你不见古城也一般地悲伤？
且看红花黄花都换上野苔青苍，
今天的人已非昨天的模样。

但是城上走的不必定要后与皇，
爱你的也不必定要是帝王；
你来，我这里尽有你安身的卧房，
你的心，我有处将他宝藏，

我这里尽有够你来温饱的食粮，
要苦的有药要甜的也有糖，

只是，这里不是你一个儿的地方；

我还有几千万别种的友朋。

选自1928年《狮吼》复活号半月刊第1期

诗三首

呈祖母之灵

（一）

好婆你去了，怕真的不再回来；

弃掉了人世，何必将鬼乡留恋？

啊，你登的是仙界有菩萨作伴。

（在那里的天气也有这边和暖？）

听说那里老的都一样的年轻；

在孟婆亭便全愈了一切旧病；

尽你有悲伤苦恼都洗涤干净，

永远吓，只有快乐甜蜜与称心。

好婆你去了，怕真的不再回来？

白雪是溶了，水渍是永远不褪；

思念你的，还只是在此地哀叹。

啊，让吾们哀叹啊让吾们哀叹，

这不过是爱你的心儿吓长在；

忘不了你给吾们的种种恩惠。

（二）

十四行眼泪十四行鼻涕，
你七个孙儿在这里想你。
啊地下到天上有多少里？
一路上是什么样的天气；
不会嫌冷吧穿了五件衣？
啊好在有一重重的欢喜，
他们舒服过棉和暖过皮，
是你一生最宝贝的珍奇。
啊要是天与地相去甚近，
你总得不时来看看我们，
好在你有的是龙车凤辇，
来来去去不会累不会疲；
那么我们仍是可以快活，
有了苦闷仍是有处诉说。

（三）

一路的玫瑰，一路的玫瑰，
前面是乐园，后面是苦海。
向前你去了，我们还是在
这样汹涌的浪涛中泛滥，
放心好了，好婆，尽请放心！
患难中你养大了的我们，
怎会因这些儿风险担惊？

你的孙儿也受得起苦辛。

你的孙儿也受得起苦辛，

只是已没有你在时欢欣，

他们的脸上都积了泪痕。

当他们快乐时想到了你，

立时立刻会呜咽而唏嘘，

当他们快乐时想到了你。

选自 1928 年《狮吼》复活号半月刊第 4 期，署笔名"荆蕴"。

神 光

我吃了太阳你吃了月亮，
又来了个吃不掉的神光；
她不镶在菩萨的眼中，
她不画在耶稣的头上。

啊还有什么黄昏与黑夜，
地狱的铁锁已被他卸下；
半死的鬼都变了上帝，
全死的鬼也登了仙界。

是悲泣是不知名的欢笑，
原是同一园中的花与鸟；
谢的谢了死的也死了，
不谢不死的今夜来到。

我不敢领受又不敢放弃，
我不敢把肉体来换肉体；

我有个灵魂早已飞去，

早飞至找不到的洞里。

洵美，一七，八，二九。

选自1928年《狮吼》复活号半月刊第6期

诗人做不成了

黄了的青叶都将飞去，
天空是灰色湖是瘴气；
啊，诗人做不成了，
秋风吹尽了春意。

长堤一条线　行人一点，
淡写的远山一个睡仙；
啊，诗人做不成了，
难得入梦　梦不全。

选自1928年《狮吼》复活号半月刊第9期

冬　天

你怕冷？那我可不怕；
棉的不够有皮的，皮的不够有火炉——
任你有双倍的冬天，
双倍的西北风也吹不糙我的皮肤。

这才是！你说是羊脂？
管他！看，反正是白的嫩的又软又滑的。
你爱？你真爱？你就摸——
得留神，他怕会炙伤了你的。也值得？

这不是刀痕，也不是
火疤。咳，你还看不出是皮鞭的印子？
就为了上一个冬天，
我不叫那天杀的来打开我的帐子。

事情是过去了，先生，
我们吃这样的饭，就得做这样的人。

你别管，管也管不了；

摸你的，你爱，再嗅上一嗅吻上一吻。

选自1929年2月《雅典》第2期

夜 行

更去找谁来给你安慰，
什么人的眼睛中不装满了悲哀！
黑的狭弄犯的什么罪？
接二连三的电灯吐的什么光彩？

自从千万年前到今天，
男的女的各自带上了各自的脸；
各自有他扮惯的笑颜，
用不到你去逗引用不到你去骗。

怕她是你爱上的天仙，
尽使你将稀奇的珍宝向她呈献；
假如有机会给你听见，
她仍是在一句句怨着地怪着天。

朋友你不必懦怯惶恐，
尽可放了胆子走你自己的狭弄；

别人哭你也不必心动，

尽可学着电灯装你自己的欢容。

不要不爱狗

跟着潮流

　　怕是往家乡走

　　　　黄昏在后头

帐子　褥子　被头

　　尽有的是绸

　　　　我爱狗

酒　天天有

　　就怕你要走

　　　　音能送掉臭

你总是我的朋友

　　念诗　喝酒

　　　　不要不爱狗

选自1929年《金屋月刊》第6期，署笔名"浩文"。

母 亲

天上又刷了金，地上又漆了青，
没有母亲的最怕看见有母亲的人们；
谁也不会忘掉你的，母亲，永生的母亲，
我们身上总留着你一些踪形。

说是你晚来会把星来当作灯，
说是你常会乘着月亮光来看望你的儿孙；
那么别忘了让我们都看你跨上青云，
让我们都知道你已做了仙人。

我不信菩萨，但是一定有尊佛，
会在天宫里指给你一条路去找快活。
要是你能找到凤凰，啊，最好是白鸽，
千万别忘了寄封信给你的小黑。

注：小黑是邵洵美的小名，用母亲的家乡口音读"黑"似"喝"，与"鸽"押韵。

选自1929年《金屋月刊》第6期，署笔名"荆蕴"。

月　亮

你可知天上为什么要有月亮，
是不是为了要诗人们去赞赏；
　空费了她多少寂寞的时光，
　又引得些疯子一个个发狂？

她要听我儿子不成调的歌唱，
她要他当她是个皮球而梦想；
　因为他不知道她叫做月亮，
　也不问她为什么生在天上。

选自1930年《金屋月刊》第12期

白　雪

白雪
雨化的
女人的醋意

管不了
天气
要飘　就飘

选自 1930 年《金屋月刊》第 12 期，署笔名"浩文"。

人　曲

人说，人到了我的年岁，
牙齿、头发、骨骼都长齐
在他们最应当的地位。

在这年龄他们都想起
他们以前的功绩罪状，
和有过多少忧愁欢喜。

在我，只不过几件轻狂
点缀着呆木的故事，
（老年人说是我的荒荡。）

有几件真是美得像诗，
有几件真巧，上帝的愿，
巧得像花叶长上树枝。

说是成败跟着运命转；

但这一个奇迹的诞生，
我信，是未曾经过天算。

谁说一个细小的天真
受不住那长大了的爱？——
（这份爱也许轻得像云！）

一只小羊为了青山醉；
泉水也为了海洋汹涌；
爱原不由大小来分配。

我认不得是真还是梦，
我不敢对她说，我猜透，
她在准备腥香的卖弄。

她也只是给我她的手——
给我她的手，她不说话，
不说她想给又想收受。

到最后的一天，在仲夏，
她缩回了她给我的手；
她说她是痴，我是发傻。

这是九年前的事，以后
我没见她，她也没见我；
听说她做了几次皇后！

我也做了双倍的俘虏，

（这种俘虏千万人羡慕：）

我的主人是书，是老婆。

1931年6月29日夜半

选自1931年《诗刊》第3期

天上掉下一颗星

假使天上掉下一颗星，我不懂
这该是谁的产业。老虎有眼睛；
游火虫也有她底下的一点红；
诗人会掏出他太阳般的灵感；
处女也会说她有光明的纯洁；
就连那将尽的柴烬，未熄的灯蕊，
也都会熙嚷着这是他们的名分；
但是，我明白，尽使他们有金漆的
宫殿，恐是银编的帐帏，也不会
诱惑住这一头爱飞吟的夜莺！
我明白，你是要像暴风一般地前冲；
旋风一般地，转动；刚风一般地，乱射。
我明白，你不愿让谁来抱紧你，
抱紧你说，除了她，你不准再希求
谁的手臂。可怜你舍不得推开
无论那一块胸膛。你说，粗壮的
会给你刺激，柔嫩的会给你安慰；

但是谁又想到你会到一块
坚硬的胸膛里去完成你自己的
思想，展开你最后的一页，瞒着天
造下一个奇迹！
　　我们时常说，
要是豆梗真能长到了天上，仙女们
准会整千整万地为了你堕落；
因为你会叫金鸡变孔雀，又说
孔雀比不上她们的美丽。但是你
缺少忍耐像中秋的潮水等不及风，
向着海洋扑去，在海洋里不见了
他自己；你也等不及自己的羽翼
丰满，就借着人家的翅膀去飞。
风追不上你，云不敢把你黏住；
这时你方才明白虚空里没有
你的亲戚朋友；你便更想念
你母亲的微笑，烂泥的怀抱。
这时你找见了一柄新的钥匙，
开锁放走了你的记忆和希望。
上帝总猜到人们最后的愿求，
他赠与你一个霹雳般的响亮——
你收受，你满意，你走上了你自己的
方向。
你爱朋友，可是你走进了
一个不能和朋友拉手的世界：
这世界里有寒凛的孤单，我怕

你不能忍受。你只能在阴空中
向身后瞟上一眼，看你的朋友
都在逼近他们自己的终点；
你一定不会去惊动他们，让他们
各自建筑着各自希望的宫殿。
等路到了尽头，宫殿也摧毁；
他们也会见到你，见到你，不能
和你拉手，因为这里不容许
人世的亲热。你需要伴侣，但是你
不敢露示这一种叛逆的请求，
在神灵前，你原是个安分的灵魂。

啊，志摩，谁相信当秋深的夜半，
一群幽绿的磷火里会有你！

选自1932年《诗刊》第4期"志摩纪念号"

游击歌

时季一变阵图改，
军装全换老布衫；
让他们空放炮弹空欢喜，
钻进了一个空城像口新棺材。

英雄好汉拿出手段来，
冤家当作爷看待，
他要酒来我给他大花雕；
他要菜来我给他虾仁炒蛋。

一贪快活就怕死，
长官命令不肯依；
看他们你推我让上前线，
一把眼泪，一把鼻涕。

熟门熟路割青草，
看见一个斩一刀；

我们走一步矮子要跳两跳，
四处埋伏不要想逃。

冤家着迷着到底，
飞艇不肯上天飞；
叫他们进攻他们偏退兵；
叫他们开炮他们放急屁。

一声喊杀齐反攻，
锄头铁铲全发动；
这一次大军忽从田里起，
又像暴雨，又像狂风。

几十年侮辱今天翻本，
几十年羞耻今天洗净；
从前骂我的今天我剥他的皮，
从前打我的今天我抽他的筋。

看他们从前吹牛不要脸，
今朝哑子吃黄莲；
从前杀人不怕血腥气，
今朝自己做肉片；

从前放火真开心，
今朝尸首没有坟；
从前强奸真开心，

今朝他们的国里只剩女人。

眼目晶亮天老老，
真叫一报还一报；
但看某月某日某时辰，
连本搭利不能少！

选自1938年《自由谭》月刊创刊号，署"逸名"。

* 附录：《游击歌》的来历

　　1938年6月，英国名作家、新闻记者奥登（W. H. Auden）和后来成为英国桂冠诗人的奚雪腕（Christopher Isherwood）来华，意在采集中国的抗日新闻及资料。

　　与邵洵美访谈时，奥登说，他没有发现过一篇像样的有关抗日的中国诗。邵洵美听了很不以为然，随口说："怎么没有？有的，据我知道，有一首很好的。"奥登问他："写些什么？"邵洵美答道："噢，我忘了！ ……只记得诗里有……'敌人钻进了一口空棺材'……"

　　其实根本没有这首诗，奥登却大感兴趣，一定要邵洵美找到这首诗翻译出来给他，硬要跟邵洵美回家取。邵洵美到家当场即兴用英文写下了那首诗递给奥登。奥登回到英国，和奚雪腕合作写下Journey to a War（《战地行》）一书，1939年由纽约兰登书屋出版。

　　书中将这首诗歌作为邵洵美的译诗收录，题为The Song of the Chinese Guerrilla Unit（《敌后中国游击队之歌》）。并写道："……我在此插入另一首诗歌，那是我们在上海听到的。那首诗歌是关于敌后游击队的，系邵洵美先生所译。"

两个月后，邵洵美将这首由他首创的"译诗"重新写成中文，以笔名"逸名"发表在《自由谭》月刊创刊号上（其中第四节是新添的）。当时香港《大公报》对该创刊号的评价是："……最满意的是《游击歌》。这是一首出色的'民歌'，也是新诗。可是那种运用民歌的手法的娴熟，不是许多学文学大众化的人们所能及的。"

结算

这深长的壕沟是一只最大的浴缸，
拥挤了几万千个弟兄在里面开光：
他们有时浇着黄沙和泥，狂风或急雪；
最后是铜片、铁屑，自己与敌人的血。

这当然不作为享乐，也不作为遭殃；
乃是结算一笔几世代恩怨的老账：
等到本钱和利息完全还偿清楚，
你去你要去的方向，我走我要走的路。

可是珠盘与铅笔都不能明白计数，
究竟人欠的有多少，欠人的有几何，
且看谁的胸襟宽大，谁的气量狭小，
谁有卑鄙的心理，谁有光明的怀抱。

选自1939年7月《南风》第1卷第3期

《论语》征兵歌

让我们在此来高声喊叫：

老朋友！新朋友！

大家赶快磨起墨来，掮起笔来，

一同向共同的仇人拼命！

我们要放出"会心的微笑"，

"冷静的调侃"与"轻松的埋怨"。

去打倒一切没有妖法的精灵：

奖券式的政策；

即兴诗式的命令；

一定会实现的谣言；

一定不会实现的否认；

别人起草的演说；

自己也不相信的声明；

抄袭来的文章；

硬逼出来的热情；

千篇一律的牢骚；

勿关我啥事体的抱不平。

我们从此可以静气平心，
去计算法币如何合美钞，
美钞如何合黄金；
去研究一个月的薪水
可以换几粒米，
几粒米养活几个人；
去计划使老虎摇尾巴
使苍蝇能逃命；
去拆卸自己与别人的
虚场面与空架子，
再加入我们论语的阵营。

选自1948年《论语》半月刊第149期

黄山口占

1935年（？）作黄山游，在天都峰口占数语，读如佛偈，又像扶乩盘中济癫和尚诗，怪哉，怪哉！句云：

一步跨上黄山巅，
黄山吐雾我吐烟；
我比黄山高七尺，
黄山比我早成仙。

创作于1935年，未正式发表。

一个疑问

（仿莎士比亚十四行诗）

我的中年的身体，却有老年的眼睛，

我已把世界上的一切完全识清，

我已懂得什么是物的本来，事的始终，

我已看穿了时光他计算的秘诀，

我知道云从何处飞来复向何处飞去，

我知道雨为什么要下又为什么要停止，

今天招展的花枝不便是昨天招展的花枝，

要寻昨天招展的花枝便得回复到昨天里，

我更知道人类原始的祖宗还是个人，

还有鸡比鸡蛋先生也是不变的定理，

可是我的知心的朋友请你们仔细静听，

我眼睛前面还有一个更大的疑问，

我始终想不明白现在这一个时局，

究竟是我的开始还是我的结束。

创作于1944年，未正式发表。

富春江边

（一）

一九四五年，得抗战胜利消息，遂返上海，途中在富阳遇雨，停泊江边，一夜不得入睡。此诗所用犹是此种字汇，现在读来，格格不入。

停船江边待晓行，一夜青草绿进城；

昨宵有雨坟头忙，不知抬来何处魂？

（二）

雨中溪水重，山外白云轻；

庙里方七日，世事少千斤；

人幼责任大，母老骨肉亲。

夕阳无限好，只是近黄昏！*

创作于1965年，回忆1945年旧事，未正式发表。

* 最后两句借用旧句子，切事实也。——作者原注

悼小曼*

（题为编者所拟）

陆小曼死后第二天得句云：

有酒亦有菜，今日早关门；
夜半虚前席*，新鬼多故人。

创作于1965年，未正式发表。

---

* 夜半虚前席：唐诗有"可怜夜半虚前席，不问苍生
问鬼神。"——作者原注

悼亡友

（题为编者所拟）

老友庄永龄、陆小曼先后死，得句如下：

雨后凄风晚来急，梦中残竹更恼人；
老友先我成新鬼，窗外唏嘘倍觉亲。

创作于1965到1968年间，未正式发表。

小别

（题为编者所拟）

　　以前写过一诗给一个朋友，未寄出。最近出院回家后，稍将后二句改动。

　　天堂有路随便走，地狱日夜不关门，
　　小别岂知（居然？）非永诀，回家已是隔世人。

　　……此诗你*和母亲看后，不必再留。

父字1968年3月28日

创作于1968年，未正式发表。

*你，指其幼子邵小罗。

编后小言　邵阳、吴立岚

此诗歌卷原想取名《碑砚斋诗抄》，姐弟们都同意，因为"碑砚斋"是祖父邵友濂的书斋名，由吴大澂题写榜书匾，嗣父邵颐又将匾传给了父亲。父亲作文写诗，结尾有时爱题上"某月某日于碑砚斋"。后来匾丢了，他也走了。为纪念他之所爱，我们请贾植芳前辈重题了此匾。这就是取此卷名之初衷。

但也有两个问题。其一，祖孙三代同一书斋名，那么《诗抄》的作者究竟是哪位？其二，邵洵美作品系列其他几卷均以父亲的小说、散文等文章篇名为卷名，此卷若以书斋为名，又显得不一致了。结果取名这件事还是请出版社编辑代劳了。

再者，撰写序言也是要事，原请姐夫方平先生写，他年轻时也写诗，现在又是任上的中国鲁迅文学奖评委会主任，有鉴别力。而他对岳父既熟悉又崇拜，还曾多次对我俩说过："要不是挚友徐志摩突然走了，致命的打击使岳父从此心灰意懒，再也不写诗了！否则今日中国的诗坛可能会多了一位巨人。"遗憾的是，年事已高的姐夫费力地读了诗集校对稿后，不无歉意地说："我实在无法进入岳父深邃的精神世界中去，序言的事还是跟贾老商量商量吧！"

我们思量再三，突发奇想：不如让父亲亲自为自己生前写的诗集作个序吧！这完全是可能的。父亲生前出版过三本诗集，分别是1927年的《天堂与五月》、1928年的《花一般的罪恶》及1936年的《诗二十五首》。他好像有预感似的，生怕今后要麻烦别人，竟然为1936年最后出版的一本诗集写了洋洋洒洒一大篇"自序"，坦陈了自己十多年来创作新诗的经历与感言，交给了读者一把读懂他新诗的钥匙。从此他就中断了对新诗的集中创作，只是偶尔在诗神的龛前献上一首小诗，转而潜心于出版事业了。

最后，我们还是请为回忆录作序的贾植芳前辈定夺。电话告之原委后，听筒那头传来了清晰的带着浓重山西口音的贾老的声音："邵洵美的诗写得很好，《诗二十五首》自序我看过。可以、可以。"——就这样，诗歌卷的序言也由贾老一锤定音了。

母亲生前很爱读父亲的诗。其实父亲的诗具有浓厚的、纯粹的、私人化的色彩——早期创作的诗歌集《天堂与五月》扉页上就印着"给佩玉"三个字；《花一般的罪恶》封面装帧上，父亲更亲自刻印了一朵大大的茶花，这是因为母亲在茶花盛开时出生，祖父为她取小名"茶"。后来随着时局的变化，父亲不仅关心惦念着祖母、母亲、爱人、朋友和家庭，还为祖国和人民的命运担忧，他的诗也因此跨出了纯私人的范围，写了诸如抗日的《游击歌》、揭露时弊的《上海的灵魂》等诗作。

在寻不到父亲诗作的年代，母亲却翻箱倒柜，从旧箧中，从旧书信中，从父亲遗留下的文稿乃至残留的片纸中，寻觅着父亲的诗的踪迹，并工整地一一誊抄下来。我们要特别感谢母亲为我们保存了多首父亲从未发表过的佚作，尤其是《黄山口占》及《一个疑问》。这两首诗的原稿已失，只留有母亲当时的抄件，上面还注有"待修改"三字。在家信中，母亲还保存了父亲难得一见的四首旧体诗：《富春江边》二首，《悼小曼》《悼亡友》各一首。最有意思的是，她还收藏有1923年12月5日的旧《申报》，因为上面刊登着一首父亲写给她的定情诗——《白绒线马甲》。1923年的旧《申报》，寻找起来谈何容易！幸好母亲早已为我们准备好了，在编撰诗歌卷的过程中，我们真是难以表达对母亲的感激之情。或者说，这本诗卷是在母亲和我们全家的共同努力之下，才完成其编撰任务的。

关于父亲的诗作，许多朋友，诸如徐志摩、郁达夫、沈从文、夏衍、陈梦家等先辈，都有过诸多赞誉与评价，这里不再一一赘述，我们只想抄写父亲发表在1927年10月20日《申报》上文章中的一段话，作为对所有读过他诗的读者的坦言，也作为此编后小言的结束语吧！

这篇文章题为《"天堂与五月"作者的供状》，是父亲写来回答一位并不熟悉、误认为他是留美诗人的读者批评的——

老实说，《天堂》里的诗，除了曾在《晨报副刊》登过的《我只得也像一只知足的小虫》比较过得去外，其余都为自己所不满意的。比较满意的以及归国后写的都收集在《五月》里，志摩喜欢我那首《春》，许多首我原本不愿录进去，但滕固说，第一本诗集不过是为孩童时代留些痕迹的，何必选择？这过错滕固应负责。我现在力求将我的过错改去，我已将我第二本诗集《花一般的罪恶》编好，等我书店办来，即能出版。那时我想，总能赎我的罪愆的万一。我知道，过于修饰以及缺乏情感，是我最坏的错误，我实在对读过《天堂与五月》，尤其是出钱买来读的一般读者致歉！

2007年8月10日写于碑砚斋